GAOGAOSKY | 高高 BOOKS

3000年帝国都城变迁史

繁盛与衰败

孙晓飞 著

陕西新华出版传媒集团
陕 西 人 民 出 版 社

图书在版编目（CIP）数据

繁盛与衰败 / 孙晓飞著． -- 西安 ： 陕西人民出版社，2021.4

ISBN 978-7-224-13810-8

Ⅰ．①繁… Ⅱ．①孙… Ⅲ．①城市史—中国—古代 Ⅳ．① K928.5

中国版本图书馆 CIP 数据核字（2020）第 192049 号

选题统筹： 高　欣
责任编辑： 陶　书
封面设计： 高高 BOOKS

繁盛与衰败

作　　者 孙晓飞
出版发行 陕西新华出版传媒集团　陕西人民出版社
（西安北大街147号　邮编：710003）
印　　刷 北京盛通印刷股份有限公司
开　　本 880毫米×1230毫米　1/32
印　　张 12
字　　数 179千字
版　　次 2021年4月第1版
印　　次 2021年4月第1次印刷
书　　号 ISBN 978-7-224-13810-8
定　　价 88.00元

如有印装质量问题，请与本社联系调换。电话：029-87205094

中国的都城，其形成与繁荣、衰败，有着复杂的政治与社会原因。但每一个都城，都有着独特的风情之志，散发着不可替代的城市之光。

自 序
空间生产与唐宋繁荣

对我们所创造和经历的文明，已经有无数学者在做繁复的历时性分析与观察，从空间生产的视角，考察都市变迁背后的空间规制，进而对朝代更替与文化兴衰提出不同的看法。本书所做的努力，或许是国内较为领先的尝试。

人类凭借空间生产创造了物质丰富和政治发达的文明社会，强大的都市空间生产能力，又带动一个时代的政治、经济和文化发展。

法国思想家列斐伏尔说，“空间不仅仅是组织和建立起来的，它还是由群体，以及这个群体的要求、伦理和美学，也就是意识形态来塑造并加以调整的。”我们可以说，传统社会的都市空间生产，不仅仅是为了满足皇帝居住的简单需求，也不是仅仅为了统治，而是体现了一个时代对规划、流通、生产、消费等若干都市要素的考量与安排。

简单来说，对比唐朝和宋朝的不同，历史学家们更多地从政治的、社会的或者文化的视角进行比较，绝少从空间生产的角度来观察两者的区别。

唐代的长安，空间由国家进行统一生产，整齐划一的厢坊制让所有人都静止在自己的阶层空间里，即便政治职位上的变化，也无法撼动居住空间的阶层束缚。门阀制度的基础之一，就是空间生产的垄断以及由此造成的空间特权。门第，不只是一个阶层符号，还是一个固态化的物理空间。

而宋代的开封与临安，由于空间生产权力下放，激发了民间社会的积极性，极大地解放了空间生产力，也释放了巨大的都市空间红利，空间依据市场与市民需求而不断产生新的样貌与形态，这才是宋代文化、经济繁荣的坚实基础。

藉此视角，观察同以长安为都的汉唐的异同，以及同以北京为都的明、清的异同，就饶有兴味。

对当代都市的观察，众说纷纭，见仁见智。

有学者认为城市可以使人们聚集，进行思想交流，于是城市就成为创新的发动机。但这解释不了普通人聚集城市的奥秘，对他们来说，思想交流是几乎无用的功能。

从空间生产的视角来看，时空压缩导致的“幻境化”才是人们涌入都市的动力，人们进入幻境，体验幻境，并成为幻境的生产者和参与者，正是奇妙无比的幻境让人们在都市里沉醉不已。这种幻境化，也可以理解为有别于田园风光的，由劳动、都市文化和现代科技所共同塑造的“诗性空间”。

时间压缩使信息扩散迅速填满民众的获得边界，空间压缩使乡野到都市的距离变得双向瞬间可达。通过时空压缩，人们生产着空间国际化的都市，生产着文化幻境，国际盛会则加剧了特大城市的“幻境化”。

中国成为现代化强国，其显性的标志，不但是强大的空间生产能力，也包括强大的都市幻境的生产能力，两者都依赖于富有魅力且变幻无穷的中国传统与现代文化，这也是坚持文化自信的应有之义。

是为序。

孙晓飞

目　录

痛饮狂歌空度日，飞扬跋扈为谁雄 / 1

象天法地："天"与人间世界如何对应

权力生产出来的现实 / 3

天子之城——咸阳 / 7

秦始皇的人间宇宙 / 11

长安，隐在重重峰峦中的都城 / 16

长安的复兴与衰落 / 25

小结　封闭都城的封闭王朝 / 28

谁家玉笛暗飞声，散入春风满洛城 / 35

粮食蔬菜：关乎都城命运兴衰

长安天子"就食洛阳" / 38

东汉弃长安而都洛阳 / 40

魏晋都洛：文化的再度勃兴 / 43

小结 建都洛阳：走出封闭的尝试 / 47

南朝四百八十寺，多少楼台烟雨中 / 49

舞榭歌台：都城需要“极乐空间”

竹篱为墙的建康城 / 53

道教流行：与艺术为伍的宗教 / 56

佛寺改变的空间：多少楼台烟雨中 / 61

极乐的空间：烟笼寒水月笼纱 / 65

小结 南北朝的文化竞争 / 70

车如流水马如龙，花市相逢咽不通 / 73

茶楼酒肆：“瓦子”繁荣与都城兴旺

都城空间建构：突破历史的创新 / 77

空间政治：放开封闭的“开封” / 83

货币化的空间：开封城的空间正义与平等 / 86

娱乐空间的开辟：都城的功能嬗变 / 92

小结 柴荣的贡献：对开封城的“地理创造” / 110

山外青山楼外楼，西湖歌舞几时休 / 115

皇家采买：都城消费升级与“国家刺激”

御街：皇家意志主导的空间生产 / 120

西湖：休闲进入公共空间 / 128

书院：与资本无关的城市空间 / 133

小结 代表文明正统的南宋 / 143

好事祗今归北圃，知音谁与醉东风 / 145

文明崇拜：军事征服与文化向往

向往南方的海陵王 / 148

汉化：军事上的征服与文化上的被征服 / 152

迁都燕京：投入中原的怀抱 / 166

小结 一路汉化不回头的金朝 / 170

我欲倚栏吹铁笛，恐惊潭底久潜龙 / 171

在水一方：都城与流水的不解之缘

忽必烈的转身：从草原到农耕 / 174

“汉人”忽必烈：重用儒士的草原管理者 / 180

“贤者”忽必烈：中华文明的守护者 / 186
在水一方：元大都的空间生产 / 190
小结 与长安相同的都城困境 / 197

阳和布泽初回暖，别苑飞花不动尘 / 199
空间失序：当都城之荣转为边城之忧

三都并立：明帝国的方位困惑 / 202
南京与北京的再度彷徨 / 210
南迁之意的搁置 / 218
定都北京的艰难选择 / 222
小结 令人胆寒的“明朝六渊” / 226

马卿素有凌云志，应有词章颂圣明 / 231
山河祭祀：在都城完成与上天的联结

万岁山：“相地术”之下的新空间 / 236
奉先殿：祭祀空间的新创设 / 243
中轴线：朝廷衙署的安放之所 / 246
小结 佛教空间与大钟寺 / 249

凄风秃树吼斜阳，尚作悲声配国殇 / 253
三山五园：都城园林的权力哲学

髡首习俗与身体驯化 / 256
皇宫的“旗化”：居住习惯的改变 / 258
园林生产：北京城市空间的隐逸化 / 263
小结 “骑射国语”的时代荒谬 / 268

塞上秋风悲战马，神州落日泣哀鸿 / 275
空间西化：公园与大学装点都城

消除特权，实现交通正义 / 278
现代城市观与龙脉风水的争斗 / 282
民国北京新空间——大学 / 287
民国北京新空间——广场 / 293
民国北京新空间——公园 / 296
民国北京新空间——医院 / 305
小结 新式空间所代表的文明 / 312

但使主人能醉客，不知何处是他乡 / 313
都市蜃景：闪耀光芒的世俗灯塔

国际盛会引发的地理发展不平衡 / 316

城市蜃景：闪耀光芒的世俗灯塔 / 319
城市新空间与城市新生产力 / 323
梦想空间：新北京的魅力与魔力 / 325
小结 国际盛会加剧时空压缩 / 330

只有秦淮一片月，溶溶无意照千秋 / 333
幻境追逐：进入城市的权利

空间生产：经济发展的新动力 / 335
空间的自然化：一切都是商品 / 338
时空压缩：时间与空间的不平等 / 341
幻境追逐：进入城市的权利 / 348
城镇化：离乡愁近些，离都市远些 / 352
都市真义：实现空间平等与空间正义 / 355
小结 新空间与新世界：都市的梦想 / 362

参考书目 / 364

痛饮狂歌空度日，飞扬跋扈为谁雄

象天法地 ："天”与人间世界如何对应

在中国古代，空间不是一种生产方式，但却存在着一种明确的空间表达，其隐含的内容包括与某种“秩序”相联系。

权力生产出来的现实

在早期的帝国空间构建中，城市是体现着生产力发展和文明发展的显性标志，是人类根据理想社会和宇宙的想象来塑造的空间。简而言之，中国人的先祖在城市建设之始，就有了明确的规划意识，即城市是按照人们对社会和生活的设想来进行理性构建，并不是任其野蛮生长。

这印证了梁漱溟先生对中国人“理性早启”的评价。在传统中国，我们的先祖发明了“礼”来规范社会秩序，发明了长幼尊卑来规范家族秩序，理想国在秩序中得以平稳建设。

人们对秦有一种想象中的轻视，认为秦居“胡地”，处于中华文明的边缘地区。事实上，秦人的先祖是鲁人，鲁即孔子出生的地方。按照当时的地域划分，鲁属于文化发达的关东地区。或许，秦的兼并天下，回到关东，也有一种对家乡的深刻思念在里面，意欲借助武力的方式，回到家乡。

这些秦的先人从鲁地出发，跟着子履（即成汤）一路征战，建立殷朝。殷亡后，秦人的地位日渐衰落，为周王室养马，秦襄公的父亲诛伐西戎有功，获封西垂大夫。秦庄公死后，秦襄公袭替父亲职位，仍然是“大夫”。

秦人的封地并不大，没有空间，也就没有任何野心。但机会很快来临，周幽王烽火戏诸侯，被戎人所杀，镐京也被戎人掳掠一空。周平王即位，东迁洛邑，凭借护送周平王迁都，秦人获得了岐丰之地，周平王允诺，只要驱逐了犬戎，“此地尽以赐卿，少酬扈从之劳。永作西藩，岂不美哉？”

秦人同时获得的，还有伯爵的封号，享有与齐、晋、郑等国一样的地位。兴奋的秦襄公用骝驹、黄牛、羝羊各三头的太牢大礼，在西畤祭祀白帝，庆贺秦正式成为周的封国。

在中国古代，空间不是一种生产方式，但却存在着一种明确的空间表达，其隐含的内容包括与某种“秩序”相联系。

秦人建国之后，都城也历经了九都八迁，秦邑、西犬丘、汧邑、汧渭之会、平阳、雍城、泾阳、栎阳和咸阳。

秦人的迁移方向，是回到周的故都——镐京，即以周的故都为自己的新都，在周王室余威还在的时候，这样的企图，显现了秦人更大的空间格局。

秦定都雍城后，安居长达 327 年。雍城的遗址，在今陕西省凤翔县境内。雍城位于关中平原的西部，南为雍水，北为汧山，是当时通往西南、西北地区的唯一交通要道。

雍地土壤肥沃，能够生产足够的粮食，可以保证民众需要及战争支持。

从地理空间上来看，雍城是以河流为城的“城堑河濒”，是“水上秦都”，秦以水御敌，200 年后才首筑城墙。

“以河为堑”的雍城，也像河流一样，表现出开放的姿态，推动秦不断改革，不断接受新思想，产生新事物，创造新空间。

雍城的建筑形态，也随着秦的不断发展壮大，呈现出从“重宗庙之仪”向“重天子之威”的转折，在城市空间的布局上，已经展现出从宗庙中心制向宫殿中心制的过渡趋向。

到了嬴政建都咸阳，为突出天子之威，皇宫成了国都中心，而宗庙已经降至次要地位，置于南郊。

正如当代法国哲学家和社会学家列斐伏尔所说，空间已经达到如此显著的位置，它是某种“行走在大地上”的现实，即在某种被生产出的社会空间之中的现实，是社会关系的生产和再生产。

也就是说，从咸阳开始，天子成为城市的中心，是完全被权力生产出来的，是一种生产出来的现实。

天子之城——咸阳

列斐伏尔在《空间与政治》一书中提出："空间是否有自己的逻辑？"

他对此的回答是："空间要么依靠一种先在的、至高无上的和绝对的，甚至是神学的逻辑；要么就是逻辑本身，是连续性的系统；要么，最终，它在接受某种行动的逻辑（实践论或者战略）的过程中，接受了这种连续性。所以，空间有三种不同的视角：范例、工具和中介。"

以皇帝权力为中心建立的咸阳，同样遵循的是"一种先在的、至高无上的和绝对的，甚至是神学的逻辑"。

在中国古代，人们需要借助"灵媒"与上天进行联络，通过神灵的肯定，来显示权力与上天之间的密切联系，即"王权天授"，人间的统治者号称是"天子"，遵从"天命"来统治人间，并独自享有祭祀天的权利，对“天子”的反抗，意味着对“天”的反抗，违拗“天”的旨意，必受“天”的惩罚，以此保证统治的稳定性和权威性。

到了秦咸阳建都，嬴政把空间政治运用到极致，通过空间的显化，来向天下昭示其统治权来源于上天，以空间的形式证明其政权的合法性。

“象天法地”，就是嬴政咸阳建都的神权逻辑。

“象天法地”，并非嬴政的独创，《易・系辞》中说：“古者包羲氏之王天下也，仰则观象于天，俯则观法于地。”

据《吴越春秋》的记载，春秋时的吴国和越国在都城规划建设中都有象天的举措，伍子胥规划吴都时就曾提出“象天法地，造筑大城”。

范蠡规划越都时也曾提到“乃观天文，拟法于紫宫，筑作小城”。

吕不韦主持编纂的《吕氏春秋・序意》篇中即明言：“爰有大圜在上，大矩在下，汝能法之。”

“在天成象，在地成形”，就成为咸阳建都的空间思想，都城作为政治权力的中心，具有强烈的象征性和唯一性，在都城建设中模仿天象，就成为建立天人关系、树立政权合法性的一个重要手段。

嬴政之前的时代，无论是成汤伐夏、武王伐殷，都是诸侯革命，权力的来源被解释为来自上天的授予。因此，嬴政本人也深信君权神授，无论是封禅泰山，还是巡祭天下，走到哪里都会通过“灵媒”以及一系列仪式，向上天宣示其统治的合法性。

《吕氏春秋》的相关观点表示，皇帝遵循上天的旨意，在一个紧密联系的过程中，始皇帝声称有一种宇宙的循环周期，即所谓的五德终始，使他走向权力之巅，这也是一种不可改变的神旨。

《哈佛中国史·早期中华帝国：秦与汉》的作者陆威仪认为，秦始皇的空间观，已经不同于以往的统治者，他致力于把帝国的都城，建设成万物的微观世界。

事实上，秦始皇的宫殿群，很像如今北京的世界公园，把全世界标志性的建筑全部置于一地，让人产生大大公园就是小小寰球的幻觉。

始皇帝的新皇宫以北极星和北斗七星的“紫微宫”格局

建立，矗立于宇宙中心。秦收缴了战争所征服国家的武器，熔铸成巨大的“金人”，代表各个星座，按照被征服国的宫殿样式，建造了大规模的行宫，使其成为一个宇宙的缩影。

秦始皇的人间宇宙

人与天的关系，是古代中国人非常关心的话题。

战国时，人们普遍相信“盖天说”，学者们认为，由有实物留存的“式盘”，可以窥见古人的宇宙观。

式盘分为天盘与地盘两部分，天圆地方，天盘嵌在地盘当中，中有轴可以自由转动。北宋杨维德在《景祐六壬神定经》记载造式之法云：“天中作斗杓，指天罡，次列十二辰，中列二十八宿。四维局。地列十二辰、八干、五行、三十六禽。天门、地户、人门、鬼路，四隅讫。”

当时的“盖天说”认为，“天象象笠，地法覆盘，天离地八万里”，“极下者，其地高人所居六万里，滂沱四隤而下。天之中央，亦高四旁六万里”。

基于这样的宇宙观，人们认为中宫天极是天象结构的中心。因此，在咸阳修建都城的时候，修建了始皇帝的生祠——极庙，极庙对应着天极星座，是人类世界的中心。司马贞在《索隐》里说："为宫庙象天极，故曰极庙"。

按《史记·天官书》所记，"中宫，天极星"，也就是现在人们所说的北极星，是群星所拱最尊贵的星座。始皇帝活着时，全国各地已向极庙按时奉献贡物。《史记·秦始皇本纪》中，就如是记载："今始皇为极庙，四海之内皆献贡职，增牺牲，礼咸备，毋以加。"

秦二世元年（前 209），将极庙奉为"帝者祖庙"。

古代地理书籍《三辅黄图》中说："始皇兼天下，都咸阳，因北陵营殿，端门四达，以则紫宫，象帝居。渭水贯都，以象天汉；横桥南渡，以法牵牛。"

学者郭璐认为，以每年十月黄昏时分的天象印证，秦都咸阳附近的宫庙阁道建筑与天河星象在平面上极为相近。秦始皇依照"象天法地"重新进行都城布局，是为了强调君权神授，将"人界"与"神界"高高在上的统治权威相呼应。

既然皇帝是人间世界的主宰，那么，皇帝的住所，自然应该成为人间世界的中心；同时，皇帝的住所，也要与上天的权力象征位置相符，以强调世俗权力与天界权力的同步性。

因此，在空间构建上，对应天帝所居的“紫宫”，建设了人间的“咸阳宫”。

以咸阳宫为中心，其他宫庙环列周围形成拱卫之势，构成“为政以德，譬如北辰，居其所而众星共之”的格局。渭河则象征着天上的银河。

皇帝是人间世界的中心，同时对应天帝居所的空间结构，是秦始皇建设咸阳都城的基本想法。由此，诞生了中国人最早的世界空间观念。

史学家杨宽先生认为，商鞅在秦变法，有很多地方效法三晋的制度，法律基本上采用魏国李悝的《法经》，田亩制度（以二百四十步为亩）是采用春秋晚期赵氏的，建筑咸阳都城，“筑冀阙”也是仿效东方的，整个布局亦当仿效东方。

依照杨宽先生的逻辑，秦始皇营建咸阳都城，并非完全的空间创新，而是有其文化来源与原型模仿的，那么，以天子为中心构建城市，应该是关东空间文化的核心。

这或可反证“天子是人间世界的中心”，是当时人们普遍相信的观念。

班固的《西都赋》在描述咸阳时说："辇道经营，修除飞阁。自未央而连桂宫，北弥明光而亘长乐，凌隥道而超西墉，掍（混）建章而连外属。"

天文与地理，在宫室建设中，完美地融合在了一起，这就是中国古人的空间智慧。

围绕着始皇帝的生祠——极庙，又有许多其他建筑群，共同组成了象征中宫天极的宫殿群。

闻名于世的"秦直道"，也以极庙为中心向全国散开，"自极庙道通郦山，作甘泉前殿，筑甬道，自咸阳属之……治驰道"。

学者郭璐认为，秦始皇将渭河两岸——南至终南山，北至泾水，西至长杨、五柞宫，东至丽山园，包括宫室、陵墓、苑囿、自然山脉与河流等的广阔区域，以一个统一的思想规划为一个整体，以极庙为中宫天极，其他四宫各有所象。可以想见，如若这一规划完全实现，以极庙为中宫天极，宫观苑囿与天空中之星象相比附，环绕于四周，将是一幅天地交辉、群星灿烂的壮阔图景。

咸阳新都的结构，隐含着秦始皇对权力的理解——权力必须是隐藏的、不被洞察的、神秘莫测的。

因此，他把咸阳新都围绕“极庙”而建的270个宫观，用“复道”和“甬道”互相沟通，把宫殿群设置成迷宫群，以保证皇帝的绝对安全。

有记载说，“关中计宫三百”，连接在一起的270座宫观，基本上是所建宫观的绝大部分，形成了“北至九嵕、甘泉，南至户、杜，东至黄河，西至千渭之交，东西八百里，南北四百里，离宫别馆，相望联属。木衣绨绣，土被朱紫，宫人不移，乐不改弦，穷年忘归，犹不能遍”的宫殿群。

被重重封锁的权力中心，由复道和甬道相连的迷宫，决定了权力的形成过程更趋封闭——内廷政治也由此衍生。秦始皇死后，赵高矫旨，废扶苏而立胡亥，秦至二世而亡，就是这种过度封闭产生的内廷政治所引发的祸端。

长安，隐在重重峰峦中的都城

之所以在咸阳后面说长安，是因为长安与咸阳只有一水之隔，而且，当年秦始皇营建咸阳的时候，一部分宫殿也建造在了渭水的另一侧，即后来的长安城的一侧，并为汉王朝提供了早期的建都条件。

更重要的原因是，“汉承秦制”，不仅仅意味着汉朝承袭了秦朝可书写的、可被意识形态化的制度，同时也承袭了秦朝的其他“亚制度”，比如空间理论、“天子中心”理论、五德终始理论，等等。

与秦人据镐京为都的想法大体一致，汉人据秦京为都，从空间战略上，认可了秦所处的极优的地理位置——隐在重重峰峦之中。

来自长江附近的刘邦，选择长安做首都，一定有着某种让他不得不如此选择的理由，比如，攻克咸阳时的艰难，或者对秦一统天下的倾慕。

刘邦和他的沛县伙伴们，可能压根儿也没有想到，会在远离家乡的关中，建立汉帝国的都城。但在当时的情况下，他们似乎并没有其他的选择。

据说当刘邦想在其他地方设立首都时，谋臣娄敬、张良建议说，关中“阻三面而守，独以一面东制诸侯”，因此决定将都城定于长安。关中地区易守难攻，如果天下再起烽烟，哪怕丢掉帝国的大部分地盘，依旧可凭关中地区东山再起。

关中平原具有天然的地理优势：一山二水，四周封闭。古人云：据百二河山之胜，可以耸诸侯之望，举天下莫关中若也。

古代文献在描述关中的地理位置优越时，不吝各种美词丽句：“且夫秦地被山带河，四塞以为固，卒然有急，百万之众可具也。因秦之故，资甚美膏腴之地，此所谓天府者也。陛下入关而都之，山东虽乱，秦之故地可全而有也。”

关中之地，有天险可恃。从关东地区进入关中，必须经过潼关，且此关易守难攻，在军事上，天下有事，只要守住函谷关和潼关，关中地区就基本安全。

而由关中出兵关东，则如洪水破堤，随时可席卷天下。

秦人经营关中几百年，已经将关中建设得非常富庶，“始皇之初，郑国穿渠，引泾水溉田，沃野千里，民以富饶”。

依靠郑国渠，关中成为粮仓。背靠天府之国，关中的粮食供应，可确保平安时的民众吃饭，也可以部分满足战争时的需要。

因此，刘邦初都洛邑，最终定都于与咸阳一水之隔的长安。

“汉兴，立都长安，徙齐诸田、楚昭、屈、景及诸功臣家于长陵。后世世徙吏二千石、高訾富人及豪杰并兼之家于诸陵。”

“三年春，发长安六百里内男女十四万六千人城长安，三十日罢。”

“惠帝五年夏，大旱，江河水少，溪谷绝。先是，发民男女十四万六千人城长安，是岁城乃成。”

建都，徙民，迁豪强大族，仍然是沿袭秦的做法。徙民，是为了有充足的人力来保证生产，来满足都城的消费。迁豪强大族，是为了消除可能的地方威胁，保证王朝的安全。

《哈佛中国史》的作者之一、美国学者陆威仪认为，“刘邦把他的第一个都城建在洛阳，后来出于策略上的考虑，又迁都关中。因此，汉朝从早期开始，就面对着和所有区域社会都失去联系的局面。它的统治要求完全建立在建国者的贡献和能力之上，建立在把这些特点传给刘氏家族一代代后人之上。”

也就是说，因为空间的选择，汉王朝也不得不服从于空间政治所限定的图景：重重峰峦中的都城，重重封锁中的皇宫，迫使汉朝也像秦朝一样，实行内廷政治——有汉一朝，宦官、外戚，始终是皇权的第一大威胁，并影响了汉朝统治。

为了有别于秦王朝天下群起反抗而无人救护的局面，汉王朝重新采取了分封制——这同样为汉王朝带来灾难性的后果。

都城的空间政治，总会影响着王朝的现实政治，这或许是中国“象天法地”观的另一重反映——人间皇帝，这半人半神的统治者所居住的皇宫与天上的神所居住的星座遥相呼应，而皇城与皇宫的形制，又与现实的政治相对应。

据《史记》记载，汉高祖看到未央宫宏伟华丽的景象，没有高兴，却大发脾气："天下匈匈，劳苦数岁，成败未可知，是何治宫室过度也！"

没想到，奉命督造的萧何却说："天子四海为家，非壮丽无以重威。"

壮丽、隐秘，通过重重围墙与宫门，封锁着重重的权力，普通人根本没有机会接近皇帝，借此突显皇帝的神圣性与权力的神秘性。

汉代的宫殿，同样仿照秦朝的样式，在各宫殿之间架设飞阁和地面复道相连，皇帝及近臣隐身在迷宫里，外人无法看见。接近皇帝，像接近神仙一样艰难。

在迷宫内，任何泄露皇帝行踪的人，都将被处死。

皇帝居住在充满美女和香料的迷宫内，像神仙一样，在歌舞与香料的迷幻中，享受着权力的壮丽。

大臣获准觐见，也是一种恩惠，若能靠近皇帝，则是一种无上荣耀。

但长安城也有一个巨大的缺陷，不同于咸阳，也不同于镐京，这是一座无祖庙的都城。原因是秦以前为诸侯革命，到了汉朝，开始了平民革命，汉高祖的祖上，没有什么名士，祖坟也远在沛县，迁来异乡安葬，也于礼不妥。

《左传》给“都”的定义是：都者，有宗庙先君之主之谓都。

但自汉代以后，人们不得不给“都”以新的命名：都者，国君所居，人所都会也。

直到汉惠帝的时候，才在长安城为汉高祖修建了一座祖庙，修建了市场和藏冰室，然后又修了内墙，把宫殿、太庙和市场都环护起来。

武帝的时候，由于国力强盛，四夷来服，开始大规模营建宫殿。

空间建设在汉武帝时代有了新的发展，上林苑即为一例。汉武帝“举籍阿城以南，盩厔以东，宜春以西，提封顷亩及其贾直”。据有关资料记载，这次营建上林苑，需迁民众 40 万，在当时，这已经是一个令人吃惊的数字，《汉书》上说，此次迁置，“幼弱怀土而思，耆老泣涕而悲”。

另一个大的空间创建，是在河套筑城以屯田、养马，作为防御和进攻匈奴的基地。用现在的空间术语来解释，相当于建设“河套经济开发区”。

为了维持都城皇室及百官大臣以及戍守兵士和百姓的生存需要，汉武帝向秦人学习，继续兴修水利。

水利灌溉系统，在古代不只是与农业有关的普通设施，而是具有巨大影响的政治空间和权力空间。

大禹治水，就是通过掌握了这一权力空间，才从普通的治水官，成为半人半神的“帝”，登上了人生的巅峰。

秦始皇的祖先也是因为修建了秦地的水利灌溉系统，从而拥有了除神圣权力之外的世俗权力——通过天授君权，天子可以统治人间世界，这是古代帝王统治最主要的合法性来源。

但维护统治，需要其他的政治资源——水利灌溉系统，就是另一重权力空间。

在传统农业社会，灌溉系统决定着土地的收成，也决定着农民的生存和命运，甚至决定着一个国家的生存。

秦人通过修建郑国渠以及在四川修建都江堰，让关中和天府成了粮仓，足以保证秦帝国的生存需求和扩张需求。也正因为拥有了良好的灌溉系统，才又切实增强了政权的合法性。

长安困于重重山峦之中，易守难攻，但也因此不利于物流的发展，所有的外来物品进入关中，都需要昂贵的运输成本。所以，这座秦汉均赖以生存的帝都，不得不自力更生，谋求在关中自主解决生存问题。

由于渭河在旱季运输非常不可靠，汉武帝不得不绕开渭河而修建了连接长安和黄河的运河，后来又开凿了一条连接汾河的运河。

运河是古代最壮观的人造空间、经济空间、生活空间和文化空间，到大运河的开凿，达到顶峰。

汉武帝元狩到元鼎年间（前122—前111），发兵卒万余人担任凿渠任务，开凿了龙首渠。

武帝元鼎六年（前111），由左内史倪宽主持兴建六辅渠。

六辅渠建成后第16年，即武帝太始二年（前95），动工穿凿白渠，长200里，灌溉郑国渠所不及的4500余顷农田。白渠建成以后，谷口、池阳等县因为有郑、白两渠的灌溉，便成为不知旱涝的粮食高产区。

《汉书·沟洫志》记载，此渠开通后，“且溉且粪，长我禾粟。衣食京师，亿万之口”。

武帝在位期间，还修建了成国渠，长度略小于白渠，溉田面积约万顷左右，是白渠的一倍以上，一度发展成关中最主要的灌溉渠道。

武帝时，还在渭水南面建成一批小型的灌渠，如灵轵（zhǐ）渠等，以山溪水为水源，灌溉渭南的农田。

通过复杂的宫殿系统、体现权力的水利灌溉系统，以及君权天授的权力观，汉王朝牢牢地掌握了天下。

长安的复兴与衰落

东汉迁都洛阳之后，由于种种原因，长安一带被“胡化”，灌溉渠和运河也渐渐丧失了功能。

但隋朝建立后，杨坚还是选择了在长安附近建都。

隋朝由关陇集团拥立，其大本营就在关中。杨坚和他最紧密的同盟者均是西北地区半胡化的精英。

《哈佛中国史》的作者之一、美国学者陆威仪认为，当时，在关中建立一座首都是非常困难的，因为中国的经济中心已经不可逆转地向东部和南部移动。大量的粮食必须经由几条把黄河及其支流与南方的河流连接起来的运河来完成，这一巨大的人造空间，成为当时的奇迹。

大运河把和四川之外的帝国的每一个产粮区连接起来。但因为远征高句丽并且失利，隋朝很快就灭亡了。取而代之的唐朝，同样建都于长安。

和隋朝的皇室一样，唐朝的创立者也出身于一个西北地区的军事世家，并且同样把老关中的大兴城作为首都，重新以古城长安之名命名。

很显然，李渊父子定都长安，有不得不为之的理由，但长安城的情形，已经远非秦时可比。

唐都长安，而关中号称沃野，然其土地狭，所出不足以给京师、备水旱，故常转漕东南之粟。高祖、太宗之时，用物有节而易赡，水陆漕运，岁不过二十万石，故漕事简。自高宗已后，岁益增多，而功利繁兴，民亦罹其弊矣。

也就是说，作为首都，地理空间的局促已经不能盛载其发展，为解决吃饭问题，朝廷不得不大量开垦荒地，砍伐森林，而其后果是造成严重的水土流失，以至于渭河的航运已经不堪其任。

仅仅着眼于长安优越的战略位置而设置都城于此，似乎有着十分可靠的理由，但关中物产不足，都城人口日增，这个矛盾越来越无法调和。

长安的问题，不是国防空间出现了问题，也不是居住空间出现了问题，而是农业空间出了大问题。

人口激增，造成农业空间相对不足，加之运输空间的不可靠，造成安全空间出现了严重威胁——不是军事安全，而是生活安全和生命安全。

9 世纪初，长安附近的森林已经基本无存了——宫殿、庙宇、官署和居民住宅，每一方面都需要大量的木材，当时，冬季取暖主要依赖于木材烧制而成的炭，同样大量消耗森林资源，森林的消失造成严重的水土流失，后果则是运河的淤塞。

“安史之乱”后，长安已经得不到附近地区基本的粮食补给，只能依靠运河从南方远距离运输，诗人杜牧感慨地说：“今天下以江淮为国命。”

唐朝灭亡后，除了仍然具有“在重重关隘中”这一最大优势，长安已经失去了作为都城的其他主要竞争条件，交通更为便利、粮食更易获得的洛阳，成为其替代城市。

小结｜封闭都城的封闭王朝

都城的封闭性，是否必然地形塑王朝的封闭性，从秦汉至隋唐，似乎看不出两者之间具有明显的关联。

但处于狭窄的地理空间之中，再置身于重重封锁的宫殿里，皇帝与外部世界的联络，就不得不依赖于内廷。

自汉武帝始，皇帝权力空前强化，秘书当政，超越内阁，组成内朝。

皇帝任命的大将军，成了军队的最高指挥官。由此带来的危害是宦官和外戚当权。

不被信任的朝廷高官和地方权贵不得不结党，以对抗宦官和外戚。

宦官独大之后，外戚谋求与党人结盟。

自秦以来，人们首次可以自信地反对皇帝和宦官，并占据道德制高点——人格评判成为政治的核心部分。

高级文人官僚放弃普世价值，转而支持地方利益。

在对抗中，文人的自我意识日益加强，自诩为清流及儒家文化的守卫者。

他们将自己置于皇帝之上，并逐渐将权威性从财富与官职这些符号中抽离出来。

文人群体首次崛起，并分化和挑战皇权。

主要表现是：有权谴责和赞美社会成员；接受地方官员勒石立碑，建立祠堂；出现在私人编撰的全国杰出人物传记里。

唐朝与汉朝相比，内廷政治并不特别明显，但决定唐朝历史转折的“安史之乱”，原因还是在于唐玄宗所宠信的两个人——杨国忠与高力士，一个是外戚，一个是宦官，截断了所有正确的信息，让皇帝总是做出错误的决断。

“安史之乱”后，内廷政治成为唐朝的主流。君主愈加躲在深宫，而皇帝宠信的宦官得以干政。

唐肃宗时的李辅国，唐代宗时的程元振、鱼朝恩，都是以宦官之身执掌兵符。唐德宗时，封宦官窦文场、霍仙鸣为神策中尉，主管禁军，并从此成为制度。

此后，宦官军权在手，更加无所顾忌，朝政腐败，无以复加。

因此，某种程度上也可以说，山川之状，久而久之，必会影响执政者的心胸及行事方式，此说虽然不免有些陷于地理决定论，缺乏必要的逻辑支持，但地理空间必会影响人的性格，影响执政者的性格，应该确定无疑。

著名的空间创造：

1. 长城

长城是古代中国最著名的地理创造和空间创造。

宫崎市定指出，长城是领土国家出现后的产物。也就是说，春秋时期，多为都市国家，人们要保卫的，只是住宅周围的城郭。因此，国境界限非常模糊。

到了战国，都市国家渐渐失去独立，中央将都市间的空地作为领土占有，于是自然产生了国境的概念。

为了保护本国领土，一些国家沿着国境修筑长城，史称“边墙”。

宫崎市定强调，战国时期强国的领土，都是将都市国家聚集在一起而形成的，因此，在其他国家境内拥有“飞地”的情况并不罕见！

但宫崎市定所说的“都市国家”，其实并不是现代意义上的都市，而是一种“城邦国家”，与现今的“都市国家”有着本质的区别。

“边墙”除了具有国境线的功能，防止外敌侵袭外，还有着防止本国民众偷越国境的功能。当时，战乱频仍，民众避战火而不及，纷纷逃往对自己的生存有利的国家，而一旦没有了民众，则土地荒芜，军队疲弱。因此，孟子才提出“民为贵”的概念，这个所谓的“民本思想”，其实只是针对现实提出的具体解决办法，与真正的“民本”相去甚远，甚至也不能意味着孟子“轻君”。在当时方国林立、互相征伐的历史情况下，民众逃亡了，国也就不再有意义，君的权力无所负载，合法性成疑。

在文化层面，长城事实上代表分裂——用一个明显的地理标志，把中华大地分成华、夷两部分，并长期分隔着农耕地区与游牧地区。

吊诡的是，秦灭六国，为了阻挡游牧民族的骚扰，大规模修建长城，此举也促动了游牧民族的团结——形成了由可汗为首脑的游牧中央集权国家。

长城，这堵华夏的围墙，反而激发了匈奴的民族团结，匈奴帝国由此诞生，并历前后汉，持续成为华夏的心腹之患，始终威胁着华夏的安全。

所以说，历史是由一个个链条构成的，每一个决定，都有其相应的后果——这与佛教的因果理论相呼应。

为了打击匈奴，汉王朝不得不以夷制夷，利用匈奴打击和分化匈奴，让归化的南匈奴内迁，同时利用鲜卑打击匈奴。

东汉时期，农民军人退出了战场，职业军人都是游牧民族战士。

匈奴终于被消灭了，大量与汉王朝结盟的游牧民族在长城附近游荡，或者内迁。

到曹操时期，内迁的游牧民族更多。

“五胡乱华”的祸因，已经深深埋下，只等着合适的机会爆发！

2. 运河

运河是中世中国最著名的地理创造和空间创造。

隋炀帝进攻高句丽，事先做了充足的军事准备，其中之一，就是把大运河开掘到涿郡（北京），为进攻高句丽的军事远征提供后勤补给。

有观点认为开挖大运河导致隋朝灭亡，其实不然，隋朝亡国的根源是进攻高句丽失败。当然开挖大运河加之建设奢靡豪华的宫殿群，也是重要原因。

从经济学的角度来看，对高句丽的战争加之开挖运河、建设宫殿，都在增加GDP，增加经济景气，但过度的国家投资，导致民生凋敝，加之对高句丽战争失败，隋朝灭亡就成了应有之义。

值得指出的是，隋炀帝开挖大运河，几乎只有通往北京的部分是新开挖的，其他部分基本都是疏通已有的河渠。

代表中华文化融合的，是大运河，它通过水道把中国所有的地方连接起来，并在无意中催生出了北京，使之成为后来的帝都。

谁家玉笛暗飞声，散入春风满洛城

粮食蔬菜：关乎都城命运兴衰

洛阳建都，是中国文明的一次演进——从封闭的长安走出，向东，或者向南，建立政治与经济、文化中心重叠的都城，成为统治者不懈的努力。

周平王东迁，离开重重峰峦之中的长安，来到洛邑，也就是后来的洛阳。洛阳周围也有一些天然屏障，北临黄河，东临洛水，周围还有太谷、广成、伊阙、轘辕、旋门、孟津等险要关口，从战略防守的角度看，洛阳也是形胜之地。但其弱势也非常明显，一马平川的黄河平原铺开在洛阳面前，洛阳的防守难度要远远超过长安。

平王东迁，当然是看中洛阳的有利地理位置——被郑、卫、秦、晋四个诸侯国环绕，他们与周王室的关系密切，可以护卫王室。洛阳最大的优势，是它位于帝国的中心，四通八达，交往方便。用古人的话来说，就是“职贡所均，水陆辐辏”。各诸侯国来周王室拜见国王，进贡献物也比较方便。也正是缘由于此，东迁后，已经衰败的周王朝又延续了500多年。

长安天子“就食洛阳”

自西汉始，便出现了政治中心与经济中心的分离，供养都城的粮食，主要来自外地。

长安的衰败，即源自漕运坏朽之后的粮食供应短缺。唐王朝的重返长安，依赖的也是漕运的整治。

粮食从江南运抵长安，汉唐时需要走2000多里的路程。

其行进路线大致可以分成三段：第一段，从江南到洛阳，一路顺畅，可以经大运河直达；第三段，从陕州到长安一段，由于有广通渠发挥作用，也基本可以一路通行；问题出在第二段，即洛阳通往陕州这段路。

这段路要经过三门峡，船无法通过，要把粮食从船上卸下来，装上牛车，然后沿崎岖不平的山路，送往陕州，再次装船，路途非常艰险，运输效率非常低，运量也很有限。

两次装船，对粮食的损耗也很大。

因此，虽然隋朝、唐朝都再次定都长安，但会在粮食供应不足的情况下，“就食洛阳”。

开皇十四年（594），长安地区发生粮荒，隋文帝被迫带文武百官到洛阳就食，成了我国历史上的第一个“逐粮天子”。

唐高宗时，一遇到关中歉收，李治和武则天就带着文武百官到洛阳吃洛口仓的粮食。

永淳元年（682）四月，关中饥荒，长安城发生“人相食”的惨剧。唐高宗带领群臣再次“就食洛阳”，第二年十二月，在洛阳驾崩。

到了中宗的时候，关中再次发生饥荒，大臣们请求皇帝临幸洛阳，遭到唐中宗的拒绝，他说：“岂有逐粮天子邪？”

因此，武则天当政时，聪明而务实地选择迁都洛阳，号称“神都”。

东汉弃长安而都洛阳

王莽建立新朝，由于推行激进改革，引起了世家大族和刘汉王孙的愤怒，于是天下共讨。

汉室后裔刘秀建立东汉，定都洛阳。

刘秀是南阳的世族地主，宛洛一带是他经营已久的地方，或可称之为他的根据地，支持他的政治力量和军事力量，都集中于此。

弃长安而都洛阳，主要的原因，还在于长安缺粮。

此外，王朝末期的战争，对长安地区造成了巨大的破坏，人口锐减，满目疮痍，旧都昔日的恢宏与繁盛，已经荡然无存，以长安为都，需要花费大量的金钱来重建，东汉方建，天下未稳，没有精力与财力营建新都。

西汉时期，匈奴开始大规模内迁，西北地区业已“胡化”，社会秩序崩溃，大量汉民逃往内地，刘秀集团避其锋锐，舍长安而都洛阳，是个非常明智的选择。

从文明史的角度来看，迁都洛阳，表明从一个利用战略位置和军事力量来统治的地区，转向一个以文化和经济生产为最高主导的地区，这不但意味着在西汉时期兼并土地的地主和积累财富的商人们在攫取显赫的政治地位，而且否定了秦统治区的武力传统，认可文化和艺术教育的重要性。

东汉与西汉的政治文化，有非常大的不同，甚至迫使礼制发生了改变。比如，西汉时期，按当时的礼制规定，大臣去未央宫参加朝会要从东阙进入，上书或要求谒见皇帝，则要到北阙。

然而到了东汉，参加朝会要从南门进入，上书或要求谒见皇帝，也要到南阙。《续汉书·百官志》说：卫尉所属公车司马一人，“掌宫南阙门，凡吏门上章、四方贡献及征诣公车者”。

史学家杨宽先生认为：“这个礼制的改变，就使得整个都城布局发生重大变化，从此宫室的南门成为主要门户，南面的平城门也成为主要城门。而北面的两座城门失去重要性，夏门（北墙西门）常被用作送丧的通道，谷门（北墙东门）还被用作送罪犯出城行刑的地方。”

在东汉的知识分子看来，旧都长安，仅仅是秦制的延续罢了。但地理形势开阔的洛阳，仍然没有改变皇帝宫殿的封闭结构——或许，皇权的秘密就在于此。

由于西北“胡化”，胡人内迁，加之不再建设自己的骑兵部队，东汉时的骑兵主要由胡人雇佣兵组成，朝廷对边远地区的控制，已经越来越无能为力。

皇帝被闭锁在深宫中，都城又闭锁在国家的中心，皇帝与外部世界的联系，越来越弱。

皇帝的不自信与日俱增，“内廷政治”再次大行其道，宦官集团成为最有权势的人，外戚也常常手握重权，或与宦官相勾结，或与宦官相倾轧，造成政治失序，手握兵权的军事首领，得以觊觎都城内的权力。

趁着宦官和外戚的一次内乱，手握兵权的外臣董卓率兵入洛阳，掀开了东汉灭亡的一页。

魏晋都洛：文化的再度勃兴

城市悲伤，不独今日始。

在《古诗十九首》中，类似“长衢罗夹巷，王侯多第宅”之类的描述很多，都在向城市发出抱怨。

汉末，诗人们开始批判城市，并将之描绘成悲伤的世界，以激发敏感读者心中的悲伤与无助。

汉初，所有的赋都是对城市的歌颂，但到了汉末，却转向歌颂私家园林、别业，以及一切远离都市的居所。

虽然在周代就有了采诗官，春秋时就流行《诗三百》（《诗经》是汉末才确定的新名称，通过把古代典籍进行注释，使之成为经典，通称为“经”），但直到汉末，诗人们都一直在社会底层，即便非常有名的《古诗十九首》，其作者也不曾留名于世，至少表明他们是籍籍无名的普通诗人。

自曹操以后，诗人作为一支独立的文化力量开始出现在中国的文学舞台上。

曹丕及其儿子，更是打通了诗人进入庙堂的通道：凡入仕者，需考察其文学修养尤其是诗歌修养，后来演化为必须能够作诗。后世科举的诗赋科，即缘于此。诗人通过自己的诗歌作品和文学修养，得以登堂入室，“朝为田舍郎，暮入天子堂”。

曹操父子对文学尤其对诗歌的热爱，也改变了中国的文化生态和政治生态。自此，一个摇曳多姿的诗歌中国，开始成为中国知识分子的骄傲。

抒情诗的兴起，改变的不只是文学生态，还包括政治生态——对于个体情绪的抒发和对乡里感情的建设，成为新的时尚。

当文学不再单纯地赞美政治，而成了抒发自我情感的工具，瓦解了文学从属于政治的服务功能，一跃而变为展现自我内心世界的桃花流水。

当宫廷权斗开始殃及无辜朝臣的时候，越来越多的文学之士远离政治，在文学、别业、酒、药以及小圈子的兴趣中寻找人生的意义。

魏晋更替之时，人们更是沉迷于玄学，以清谈为乐事。

在晋代新一轮的政治清洗之下，大臣与名士更加明哲保身，隐逸成为新的人生追求——随着隐逸的兴起，精英们认可甚至推崇政治范畴之外公共生活的新形式。世家大族赞扬自己的被边缘化，甚至赞美自己对出仕做官的拒绝，因此，基于自己内在固有的高贵品质，这些显贵从朝廷当中独立出来。

也就是说，魏晋以洛阳为都，确实与此前的秦汉以长安为都，表现出了完全不同的风貌——战争不再是国家的主题，朝代的更替，也主要采用“禅让”方式，而不是此前的军事推翻。

长久的和平，造就了中华文化的改变。人们对政治的兴趣渐渐趋淡，对自我的关注兴趣，对自然的关注兴趣，甚至对宇宙的关注兴趣，都空前提高。

魏都洛阳，仍仿汉秦之制，《丹阳记》记载：“汉魏殿观多以复道相通，故洛宫之阁七百余间。”也就是说，魏都洛阳虽然地理上比长安开放，但宫殿建设方面，仍然是沿袭旧制，把皇帝闭锁在重重的宫门之内。

因此，无论魏晋，内廷政治仍如两汉一样，都没有改变。权宦兴风作浪，仍然是魏晋都洛的政治积弊。

小结｜建都洛阳：走出封闭的尝试

洛阳的地理位置相对于长安来说，有其运输上的便捷优势，但防守偏弱。因此，东汉基本放弃了以武立国。

汉初，经过“文景之治”，国库充盈，为汉武帝打击匈奴做好了充分的物质准备。武力的空前强盛，满足了汉武帝“虽远必诛”的野心，但也因此造成国库空虚，不得不打击商人，抑制商业，增加赋税。

大量农民破产，商人为逃避打击，纷纷买田置地，成为大地主。

自此，地方势力崛起。除了皇族，地方官员不再承担为皇家祭祀祖先的责任，皇家的祖先祭祀，成为皇族自己的事情。根据儒家的道德原则，自己的祖先不能要求别人祭拜，哪怕是皇帝也不行。

换言之，去祭拜别人的祖先，即便是皇帝的祖先，也是与自己的祖先决裂，是大不孝。

汉代以孝治国，皇帝当然不会让臣子不孝，因此，只能让祖先祭祀退回家族。

地方势力的崛起，带动了家谱和族谱的编写，同时，带动了自我意识的勃兴，至曹魏，抒情诗盛行，对个人生活和自然环境的歌颂，取代了对国家和都城的歌颂。

洛阳建都，是中国文明的一次演进——从封闭的长安走出，向东，或者向南，建立政治与经济、文化中心重叠的都城，成为统治者不懈的努力。

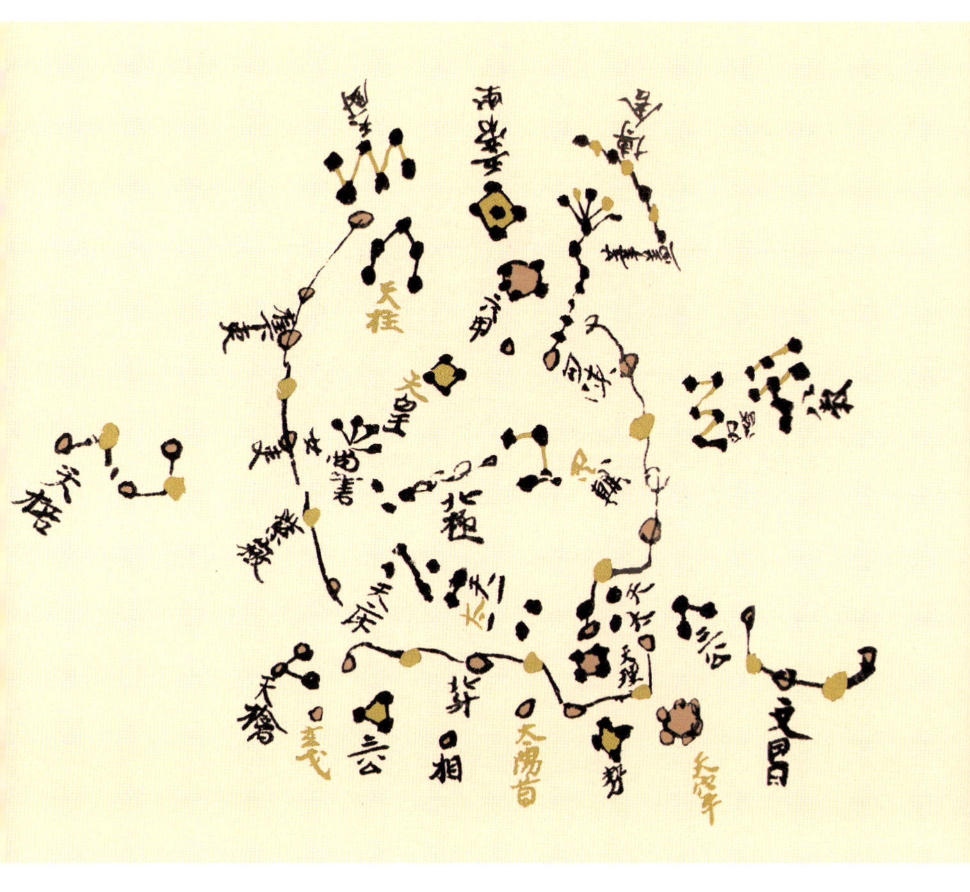

敦煌星图（局部）　伦敦大英博物馆 藏

《敦煌星图》是敦煌经卷中发现的一幅古星图，大约绘制于唐中宗时期（705—710），是世界现存古星图中星数较多而又较古老的一幅。

陶联珠云纹瓦当 陕西省考古博物院 藏

陶联珠云纹瓦当，1993 年出土于陕西省秦雍城遗址。为泥质灰陶，圆形，无筒瓦，当面中心为凸乳钉，乳钉外饰有一圈凸弦纹，内饰一周联珠纹。这种瓦当常被作为建筑分区或分栏及边饰之用。

陶玄武纹空心砖　陕西省考古博物院 藏

陶玄武纹空心砖，2005 年出土于陕西省咸阳宫殿遗址。为泥质灰陶，长方形，边框内有一对玄武相向而行。主要用来砌墙。玄武是由龟和蛇组合而成的瑞兽，为“四灵”（青龙、白虎、朱雀、玄武）之一。

〔清〕袁江《阿房宫图》（局部） 绢本设色，北京故宫博物院 藏

此图以秦始皇三十五年（前 212）兴建的阿房宫为题，再现了阿房宫当年的恢宏气势。

〔明〕仇英《上林图卷》（局部） 长卷绢本，台北“故宫博物院”藏

此图依司马相如《上林赋》之意而作。《上林赋》乃司马相如为汉武帝所作，此赋以华美靡丽之词句，铺陈颂扬了皇家园囿上林苑的堂皇富丽，以及天子射猎场面的壮阔伟盛。画中极力描绘各种水陆神兽、奇花异卉，宫殿巍耸、人马逶迤，以见天子声威之浩大。

［唐］孙位《高逸图》（局部） 绢本设色，上海博物馆 藏

此图为《竹林七贤图》残卷，只留有四贤，从右至左分别为山涛、王戎、刘伶和阮籍。四贤优雅地坐于垫子上，或饮酒或执扇，自娱自乐。

〔唐〕阎立本《职贡图》（局部） 绢本设色，台北“故宫博物院” 藏

此图忠实记录了外国及中国境内的少数民族上层向中国皇帝进贡的场景。画中人头攒动，着装各异，场面热闹非凡。

［清］袁耀《九成宫图》　绢本设色，北京故宫博物院 藏

此图是画家依杜甫《九成宫》诗意而作。画中群山环绕，山水相融；山中宫殿宏伟壮观，殿前平台宽大，围栏精致考究，数人凭栏赏景。

［日］狩野山雪《长恨歌图卷》（局部） 爱尔兰切斯特 · 比蒂图书馆 藏

此画为日本江户时期的狩野山雪根据中国唐代诗人白居易的《长恨歌》所绘。共分上下两卷，描绘了唐明皇与杨贵妃凄美的爱情故事。上图是下卷的最后一幅画，展现了杨贵妃被赐死于马嵬坡的场景。

〔元〕王振鹏《大明宫图卷》（局部） 纸本水墨，美国大都会博物馆 藏

此图充满宫廷楼台、古塔、亭院、河流、山石等宫内建筑。画面线条繁复细致，以精细笔致重现唐代大明宫的恢宏壮丽。

［五代］赵喦《八达游春图》 绢本设色，台北“故宫博物院”藏

此图绘春日园中，湖石耸立、树木绿荫如盖，八位俊杰骑马赏春的情景。

南朝四百八十寺，多少楼台烟雨中

舞榭歌台：都城需要“极乐空间”

寺庙成为新的公共空间，向所有人开放，包括外国人。人们在这里聚集，共同向佛像敬献香火，共同与僧侣交流并询问佛教与家庭及信众个人生活祸福相关的问题。

西晋末年，天下大乱，衣冠南渡，晋室南迁建康。

传说此地有帝王之气，秦始皇南巡至此，有方士说这里后代会出帝王，秦始皇根据方士的指点，挖断方山，引秦淮河水灌之，以坏王气。

南宋《景定建康志》如是记载：三十七年，始皇东游自江乘渡江，望气者言：五百年后金陵有天子气，因凿钟阜，断金陵长陇，以通流，后呼为秦淮。

秦人爱治水。古时候，水患害民，治水，则农田方得以浇灌，有了粮食，无论是战争储备，还是牧民天下，都可以高枕无忧。

因此，不排除秦人在此治水、疏浚秦淮河的可能，因时代久远，被后人附会，演绎成神话传说。当然，没有确切史料记载秦人曾经在此治水，但也没有确切史料说没有发生过。

宋人的笔记繁多，妄言者不少，许多都是类似小说一类的东西，可信度较低，不能当史实来看，同在南宋，此说即已遭人怀疑，认为不大可能。

竹篱为墙的建康城

建康原为孙吴故都，旧名建邺。

初立都城之时，此地亦非交通便利之所。运往建邺的货物，须先至京口，再运至建邺，由于路途较远，长江风浪太大，经常发生事故。吴孙权赤乌八年（245），孙权调动数万人开凿了一条名为破冈渎的人工运河，直接打通了三吴与南京的水路。从此以后，运输物资的船只就不用再绕道长江了。

有了孙权的人工运河，才有了宋人的名诗“京口瓜洲一水间，钟山只隔数重山”。“数重山”一语，道出京口至建康间山影重重、景色优美。

京口与钟山也确实并不太远。京口位于长江南岸、建康北部，距离建康只有一百五六十里地，是建康的北部门户。

东晋初都建康，由于没有钱，殊为狼狈。

孝武帝时，权臣王彪之曾描述当时的境况：“中兴初，即位东府，殊为简陋，元明二帝亦不改制，苏峻之乱，成帝止兰台都坐，殆不蔽寒暑。”也就是说，皇帝连个正经办公的地方都没有，只能去皇家图书馆办公。

凭借长江天险阻挡北方敌人，建康成了一座不设防的城——政治空间与生活空间的开放性，成就了秦淮风月，成就了“东晋风雅”。

在孙吴时代和东晋初期，建康城没有外郭，近似虚拟的城市外墙只用竹篱笆围建，建康城除了皇宫，都是可自由出入的地方。到了南朝的萧齐政权时，才对内城的竹篱进行改造。

用空间政治的眼光来看，有了“地理创造”，才会有“历史创造”。建康城独特的空间条件，造就了其独特的地域文化。

建康后来虽有了外郭城，也只是设立了不规则的几十座篱门。诗人们可以直抵秦淮河边，吟风弄月，把酒言欢，所谓的“东晋风雅”，一时传颂。

唐代的杜佑在《通典》中说：“永嘉之后，帝室东迁，衣冠避难，多所萃止，艺文儒术，斯之为盛。”

著名六朝文化研究专家卞孝萱先生则认为：西晋末年，黄河流域的文化移植到长江流域，并有极大的发展。就文学艺术说，西晋以前作风古拙，自东晋起，进入新巧的境界。就经学、哲学、宗教来说，西晋以前很拘执，局面不大。自东晋起，无拘执地开展了起来。

卞孝萱先生说，原因是禁锢少了，多种文化依托于儒、玄、佛、道、文、史发展了起来。

意识形态禁锢少了、体制管理少了，固然是文化繁荣的主要原因，但城市空间的开放，也助推了文化的兴起。

列斐伏尔说：“空间就是政治所置身于其中的场所。”同时指出：“都市，是哲学起源的问题构成，是它的媒质和中介。”

我们很难想象，重重封锁的秦代长安城，会诞生出多元开放的思想。也难于想象，水波潋滟的东晋秦淮河畔，会文化萧索，不是百花齐放，而是一花独开。

道教流行：与艺术为伍的宗教

人类的生存境遇取决于空间性，在东晋时的建康城，人们的文化环境，也同样取决于其空间性。

竹篱掩映的建康城，特别适宜于人们出行，乡间远足，就成了当时的文化风尚。

桥，也首次成了都城的标志性建筑，并深刻地改变了城市空间，影响了城市文化与气质。

东晋时的建康，以秦淮河为界，皇宫与朝廷各衙门，主要分布在北部，平民居住区主要集中在南部，秦淮河的两岸，遍布着一片片的商业区。

秦淮河两岸，水中有楼船通行，达官显贵居河北，平头百姓居河南。山峦河湖间，散布着皇家园林和私人园林。这些园林依山靠水，“山池居半”。青溪、秦淮河两岸遍布佛寺。

秦淮河上设有24座可以随时撤走的浮桥以外，另有一座固定的朱雀桥。

24座浮桥之美，虽然不见得与扬州的“二十四桥”相比，没有“青山隐隐水迢迢，秋尽江南草未凋。二十四桥明月夜，玉人何处教吹箫”的诗画场景，但明月夜，玉人行，洞箫吹，24座浮桥的建康，也一定发散了这座城市的诗性之美，飞扬了江南风物的柔媚之花。在空间构建上，与长安洛阳相比，有了质的不同。

有美丽的秦淮河，有24座浮桥，有热闹的河边市场，有河中游舫，有水里画船，有岸边花街，有柳下歌坊，秦淮河畔的建康城，“六朝烟月之区，金粉荟萃之所”，表现出了与北方都城完全不同的气象。

在书画界，歌颂乡野风物，绘画乡村景象，成了人们的共识，山水画由是风靡。山水画大师顾恺之，是“东晋风雅”的代表人物。魏晋（此晋特指西晋）风度与“东晋风雅”所同者少，所异者多。

美国学者刘易斯·芒福斯认为：政治、经济和宗教三个实体的联合推动了最早的城市聚合过程。但是受其他因素的影响，这三者对于城市形成的影响作用力度又各不相同。

东晋的城市空间里，混杂了政治、经济、宗教、文化等多重因素，决定了“东晋风雅”不同于“魏晋风度”的谵妄与悖谬。丑陋矮小的刘伶，因终日醉酒，便成名士；阮咸狂饮已经比不过刘伶，便以大瓮盛酒，与人围坐瓮前相向而酌，仍然不够“魏晋”，便与猪共饮。

东晋名士，风雅博学，飘然若仙。当年顾恺之游会稽山，写下了“千岩竞秀，万壑争流，草木蒙茏其上，若云兴霞蔚”的名句，引领一时风骚。

顾恺之才华横溢，一时无两。其人才华卓绝，亦善清谈。年纪渐长而擅治山水画，竟至传神，并用画作阐发了自己的隐逸美学。桓温与一干名士共赏江陵城，顾恺之一句“遥望层城，丹楼如霞”，让桓温无比高兴，当即给予重赏。

与西晋不同，东晋的知识分子更喜欢与达官显贵为伍，这可能是他们的命运所决定的。由于战乱所致，他们不得不迁徙到中国南方，在那里，他们这些外来者，没有政权的保护，没有当地的乡土资源和亲情资源，更没有大量的财富，只能依附权贵。因此，他们通过在私人花园、别业里参加雅集活动，写山水诗，画山水画，清谈哲学，表达对世俗生活的鄙夷，同时身居朝廷，展现“大隐隐于朝”的隐逸哲学。

尤其值得注意的是，东晋时的清谈与上流社会热爱文学艺术的风气，第一次改变了社会价值观。手握兵权的武夫们，不再以权力为傲，而是以附庸风雅，能够清谈哲学为荣。

在中国历史上，权力首次向艺术、文学和哲学低头，艺术、文学和哲学取代武力，成为主导社会价值取向的主要因素。

东晋时的建康，玄学盛行，道教同样风靡一时。东晋的知识分子也首次抛弃了儒家的礼教规矩，不再为父讳或者为尊者讳，父子两代甚至祖孙三代，名字里都可以出现同一个字。顾恺之的父亲名叫顾悦之，艺术大师王羲之的七个儿子：王玄之、王凝之、王焕之、王肃之、王徽之、王操之、王献之，每一个名字都有“之”字。王羲之孙子的名字里，仍然带有“之”字。他的儿子王徽之有三个儿子，分别叫王桢之、王宣之、王静之。

陈寅恪先生指出，王羲之一家可能都是天师道（又称“五斗米道”，道教早期流派之一）信徒，这一教派以“之”

字为名者很多。

陈寅恪先生明确认定，“之”在名中，代表了这个人的宗教信仰。许多佛教徒把“释”“法”“昙”当作姓名使用，和这个用法基本相似。

佛寺改变的空间：多少楼台烟雨中

都城是围绕皇帝建立起来的封闭空间，皇帝被宫殿层层包围，只有他最相信和最亲近的人，才有可能接近。这是要通过神秘的居所来显示权力的威严和不可冒犯。

但佛寺的出现，革命性地改变了城市的空间建构。

由于佛教要求“广施”，即不但要对佛寺和僧侣进行布施，还要向普通民众“传法”，传得越多，功德越深，所以，佛寺变成了城市新的开放式公共空间，可以容纳从皇帝、贵族、知识分子到普通百姓等所有社会群体。

在佛寺里，民众感受到了佛家所倡导的“平等”，以往与自己隔着深深阶级鸿沟的人，自此可以在一个共同的封闭空间中，面向同样的神祇，祷告着相同的内心渴望。

佛寺的出现提供了一个可以交流、娱乐的公共场所，百姓可以自由进入佛寺之内进行参拜和祈福。对于众多男耕女织的普通百姓而言，佛寺为他们提供了一个可以参与公共活动的机会；同时，佛寺的存在也在一定程度上打破了中国古代封闭式的城市空间形态。

“浴佛节”成为新的国家节日。按照《大宝积经》的记载，每到佛诞日，人们用华丽的车辇载着佛像在城市里周游，让佛祖接受百姓的偶像崇拜。

南朝时期的建康，浴佛节几乎是一年中最热闹的节日。

根据《荆楚岁时记》记载：“四月八日，诸寺各设斋，以五色香水浴佛，共作龙华会，以为弥勒下生之征也”，佛像的展示空间，成了一个娱乐和休闲的场所。

举凡重要的佛事活动，从皇帝、亲贵到达官富豪，都会出现在公共空间里，普通民众亲睹这些过去深锁在城墙和密室之中的人，成为一项新的城市消遣；他们的容貌、服饰、随行人员以及车乘，都是一时的谈资。这与秦汉时代的城市空间，形成了巨大的反差，因而，这与秦汉的拘谨和沉闷相比较，有着本质的区别。

南朝的梁武帝还曾经四次出家为僧，通过进入佛寺而成为“菩萨”。皇室则花费大量的钱将他反复赎回。

其他富豪和贵族也模仿这种行为，通过进入佛寺，让自己具有超越俗众的品性，哪怕不能像皇帝那样成为“现世佛”或“菩萨”，也足以从某些方面，与普通俗众有所区别。

当他们从佛寺出来，行走在人间，身上就拥有了更加耀眼的光环。这与“掷果盈车”时代，世俗民众群起观看美男的心态是一致的。

在皇家的支持和资助下，佛寺大量出现。达官与显贵支持和资助的佛寺，也如雨后春笋一样，出现在建康城中。

唐代的杜牧在《江南春》中写道：“南朝四百八十寺，多少楼台烟雨中。”

据考证，南朝在鼎盛时期的佛寺在 700 所左右，建康城的佛寺数量近达其三分之一。

也有研究认为，六朝建康的佛寺可能有 304 座。

按照西方汉学家的理解，佛寺建设的过程，也是人类“征服荒野”的过程——中国人一向认为，在那些距离人烟非常遥远的地方，住着神仙和鬼怪。因此，佛寺的建设，意味着对鬼怪的征服，也意味着与中国传统的神祇相比，佛的神通同样伟大无比。

在南朝，佛寺主要分布在两个区域：一类是依山而建，有的山近城，有的山，则远离繁华的都市。

另一类是里中有寺，即佛寺建设在居民住宅区内。

随着佛教的流行，素食也成为一种向佛的生活方式。一种新的城市空间——素菜馆，也开始出现。

据史料所载，建康城的建业寺中有一位擅长烹制素菜的香积厨（僧厨的别名），“一瓜可做数十肴，一菜可变数十味”。

极乐的空间：烟笼寒水月笼纱

从南朝开始，秦淮河两岸酒家林立，夜夜笙歌，一条不眠的河流不但是城市娱乐之所，同时也是运输通道。

商业与娱乐业，奇妙地在这里结合在一起。

无数商船昼夜往来于秦淮河上，促生了商人们的娱乐需求，歌儿舞女们寄身其中，以清谈、书法、绘画和音乐为标榜的知识分子们也流连其间。

建康城成为“六朝烟月之区，金粉荟萃之所”。

唐人杜牧有诗：“烟笼寒水月笼沙，夜泊秦淮近酒家。商女不知亡国恨，隔江犹唱后庭花。”

歌女该唱什么歌，似乎值得商榷，但此诗也点明了六朝时的建康，确实在秦淮河畔有着诸多可供歌舞的酒家。建康城在彼时名声远播，有“江南佳丽地，金陵帝王州”的美誉，而秦淮河畔的娱乐区，更是成为都城里的“极乐空间”。

“极乐空间”，是列斐伏尔空间谱系里的一个概念。

古罗马的繁荣，产生了“浴场空间”，比如建于298—306年的当时最大最奢华的戴克里先浴场（the Baths of Diocletian）。

浴场不单纯是洗澡的地方，同时，是一个城市的文化空间，列斐伏尔描述道：“浴场不仅有澡堂、健身房、按摩室，还有公园和公共图书馆，建筑本身也气势恢宏，大厅和门廊拥有精美的雕塑、壁画、喷泉。”

在古印度的古普塔王朝，有建造于前2世纪—6世纪的阿旃陀石窟（Ajanta Caves）和建造于950—1050年的克久拉霍神庙（Khajuraho Temple）。这些建筑中有大量的性爱雕塑群，以各种舞蹈或瑜伽姿势展示男女交合的场景，是诗人、祭司、庙神舞女和男神的共同作品。

列斐伏尔认为，这类“极乐空间”充满了激情、女性美和对生殖力量的崇拜，“是对各种形式的生命、自然、快乐的赞歌”，这类“极乐的空间”是性欲能够完全得到释放和宗教性飞升的空间，它不带有任何禁欲色彩，象征着欢乐和永恒，以及人与自然的原始和谐。

秦淮河畔的这些“极乐空间”，也是按照感官的愉悦和丰富性被建造的，蕴含着生命的能量流动，体现了人和自然之间深刻而永恒的联系。

按照法国哲学家巴塔耶的观点，欲望、音乐、游戏、节庆等都可视作“盈余能量”，将其作为超越当下抽象空间的感性要素，寻求对更加自由的差异空间的拓展。

简单地说，是这种城市里的“盈余能量”创造了城市的“极乐空间”。

这种“盈余能量”是由建康城繁荣的经济与发达的文化所共同创造的。

韩国磐先生说，“二陆为吴郡之英”，“陶谢乃晋宋之杰”，“沈范则领袖风骚”，“徐庾则专擅文采”。又说，“四声八病始发明于江左”，“文选文心均载誉于千年”，而“画赞虎头”，“书尊逸少”，当时人物，均千古风流。

卞孝萱先生则认为，六朝时，“外来文化和本土文化，传统文化和新兴文化，士族文化和民间文化的冲突和融合中，六朝文化不断发展，绚丽多姿，异彩纷呈，出现了儒、玄、佛、道、名、法各家争鸣的局面。”

文化的繁荣与经济的发达，共同促生了“极乐空间”的产生，也给了唐人诸多灵感，让他们写出许多关于建康的诗句，流传千古。

元代萨都剌的一阙《满江红·六代繁华》，代表了无数文人墨客的失落心理：

> 六代繁华，春去也，更无消息。
> 空怅望、山川形胜，已非畴昔。
> 王谢堂前双燕子，
> 乌衣巷口曾相识。
> 听夜深、寂寞打孤城，春潮急。
> 思往事，愁如织。
> 怀故国，空陈迹。
> 但荒烟衰草，乱鸦斜日。
> 玉树歌残秋露冷，
> 胭脂井坏寒螿泣。
> 到如今，只有蒋山青，秦淮碧！

南宋郑樵在其《通志》中说："自成周以来，河南之都惟长安与洛阳，或逾河而居邺者，非长久计也。自汉晋以来，江南之都，惟有建业，或据上流而居江陵、武昌者，亦非长久计也。是故，定都之君，惟此三都是定；议都之臣，亦惟此三都是议。"

小结｜南北朝的文化竞争

北朝与南朝展开了文化竞争，具体表现在佛教方面。据可信资料显示，北魏时的洛阳，约三分之一的区域是佛教建筑，洛阳城中共有寺庙 1367 座。

寺庙成为新的公共空间，向所有人开放，包括外国人。人们在这里聚集，共同向佛像敬献香火，共同与僧侣交流并询问佛教与家庭及信众个人生活祸福相关的问题。

相关资料表明，当时的皇亲国戚和世家大族，也开始了建造佛像的竞争，并资助佛教庆典，以恩惠普通民众。通过佛事以及佛教空间的建造，向公众展现他们的慷慨大方。

这样的文化竞争，在其后的宋辽之间也出现过。

宋真宗时期，道教被上升到国家宗教的崇高地位，真宗封禅泰山，并酷爱青词，整个知识阶层都以擅长写作青词为荣。那些青词写作的优秀者，得以凭此荣进。比如蔡京，就是青词写作的高手，名相寇准亦是。

后世的批评者，多指责真宗好大喜功，比如泰山封禅，劳民伤财；比如擅写青词者就能身居高位。但其实在北方的辽，道教文化也是一时之盛，大有成为道教之都的趋势。失去一统江山、对辽以兄弟相称的宋，不能再失去文化上的统治地位，因此，不惜举一国之力，大力弘扬道教，冀望得到神的庇护，至少在文化层面，成为中华文化的执牛耳者，以此力压辽人一头。

寺庙还成为日常节日演出与公共演出的中心场所，各族人民、各色人等汇聚在一起。与此相关的节日，也成了民众的欢乐日，“吞刀吐火，腾骧一面。彩幢上索，诡谲不常。奇伎异服，冠于都市。像停之处，观者如堵。迭相践跃，常有死人”。

在南朝，寺庙也同样成为新的公共空间：僧侣们在寺庙里聚会、辩论，官员们有时也在寺庙里与僧侣展开佛学的交流活动。

梁武帝时，帝王本人会不定期在佛寺中召开“普世聚会”，参加者有僧侣、官员和平民，大家汇集一起，轮流向菩萨许下誓言。在这个新的公共空间里，皇帝、官员共同出现，成为民众生活里的大事。同时，皇帝成为人世间的菩萨，受到官员和民众的双重崇拜，一重是现世的权力，一重是超越现世、拥有超自然力的菩萨。前者可以左右当下的人生，后者可以影响往世的未来，毕竟，与一位菩萨沟通，可以指点自己的迷津，并有可能得到这位菩萨的帮助，让自己的来生得到大的改观。

车如流水马如龙，花市相逢咽不通

茶楼酒肆："瓦子"繁荣与都城兴旺

在北宋的开封，普通民众第一次拥有了"城市权利"，即参与空间创造、参与城市管理、拥有城市生活的权利。在此前的朝代，都城都是皇帝的，民众不过是必要的点缀。

开封城曾被多个短命的王朝选为都城，直到赵匡胤代后周而立，才得以名垂青史。

2005 年 5 月 22 日，大名鼎鼎的《纽约时报》评论版上，“开封”登上了该版的大标题 :《从开封到纽约——辉煌如过眼烟云》(*From Kaifeng to New York, glory is as ephemeral as smoke and clouds*)。

该报专栏作家纪思道 (Nicholas D. Kristof) 在文章中说“公元 1000 年时的中国开封，是世界上最发达的城市”，他接着写道 :“11 世纪的开封是宋朝的首都，人口超过 100 万，当时伦敦的人口只有 1.5 万左右。”

远去的繁华开封，并不是第一次让西方人迷恋不已，1997 年，美国《生活》杂志做了一个专题，回顾 1000 年来影响人类生活的 100 件大事，排在第 56 位的，就是宋代开封的饭馆和小吃。

都城空间建构：突破历史的创新

列斐伏尔指出，空间的生产，不能够与某种特定的物品、某种商品的生产相比。然而，物品的生产和空间的生产之间，存在着某些关系。后者属于某些特定的团体，它们占有空间是为了管理它、利用它。空间，还有一些其他的东西，都是历史的产物。

具体到1000年前的开封，赵宋王朝生产它，同样是为了管理它、利用它。

这是中国人第一次不是为了皇帝而进行的都城建设，在开封的空间构建上，充分考虑了各色人等的利益。

宋朝的开封，给了民众进入都城的权利，并在空间建设上，首次把都城当成了“人民的城市”，而不全是“皇帝的城市”——正如在北方的秦汉都城长安和洛阳那样。

后梁、后晋、后汉，都定都于开封。但由于政权更迭太快，前几个王朝还没来得及进行都城建设（更遑论发行货币，对城市进行有效管理）。

951 年，后周太祖郭威即位，旧开封城城垣毁坏，街衢拥挤。五年后，天下初定，郭威决定“将便公私，须广都邑”。

一则诡秘的传说如是描述：郭威命令赵匡胤跑马占地，赵从朱雀门一路疾驰，待马乏停下之时，在此确定为新开封城的边界。

“确定边界”，这个方法被赵匡胤继承了下来，不论是不杀士，还是开放都城，都是新的边界原则的确立与遵守。

《哈佛中国史·儒家统治的时代：宋的转型》一书的作者迪特·库恩说：“朝廷不仅要把新城转变为一个巨大的都市型的防卫城堡，而且新城还要把原先生活、劳作在老城之外的郊区人口纳入新城。在规划设计里，土地如何使用是朝廷及其官僚机构首先要考虑的问题，但与早期的王朝不一样的是，此后所有的城市定居者，包括官员、商人、贸易者、工匠、手艺人，都能在城里自由定居，在他们买得起的地方建造房屋。”

正如列斐伏尔所说：“以历史性的或者自然性的因素为出发点，人们对空间进行了政治性的加工、塑造。空间是政治性的、意识形态性的。它是一种完全充斥着意识形态的表现。”

由于政权的拥有者对开封的都市空间进行了充满意识形态的构建，1000 年前的开封，有权势的人、富人、有教养的人、追求时尚的人以及四处谋生的流浪者都混居在一起，成为都市人；在这个地方，金钱、房产和经济上的成功影响了中国人的生活方式；在这个地方，很短的时间内就可以获得或失去财富。

著名汉学家伊懋可（Mark Elvin）说：“这个时候的中国是世界上城市化水平最高的社会。”

据杨宽先生考证，东京（即开封，以下均称开封）有三重城圈，中心皇城原是唐宣武军节度使治所，第二重是里城，原为唐代汴州的州城，周围有二十里五十步。因为这是州城，规模远较都城为小，街道也很狭窄。再加上唐代后期和五代时，居民不断“侵街衢为舍”，街道更加狭小。随着人口的急剧增长，日用必需品的需要量日益扩大，这个州城的规模，远远不能满足作为都城的需要。于是后周世宗于显德二年（955）四月下诏，在原有州城的外围，别筑外城，亦称新城或罗城。

开封新城，是中国古代具有创新性的空间创建。

都城，是天子所居之地。古人说，“筑城以为君，造郭以为民”。事实上，造郭仍然是为了君，因为无论皇帝的皇城以及诸子的宫城所需，还是朝廷的衙署和大臣们所需，都要由各司其职的专业经营者来保障。

离开了贩夫走卒，朝廷就无法存在。

但都城建设，一般分两种情况：一种是隋朝的大兴城和北魏的洛阳城，完全按照事先做好的规划来建设；一种是北周的开封，在旧有的城市基础上，进行扩建，并在某种程度上极大地体现空间创新。

隋朝的大兴城与传统都城区别不大，分郭城和内城两部分，内城再次进行空间分割，分成宫城和皇城两部分。

皇城被郭城、宫城层层封闭，保证其具有一定的安全性。按照建设次序，先建宫城，后建皇城，最后才建郭城。与后世的想象不同，大兴城的宫城和皇城之间，不设隔墙，只是隔街相望。

保卫皇帝的禁卫军，就驻屯在宫城内。

但为了皇室人员的安全，以及保障朝廷各衙署的办公环境清静，隋朝的大兴城把普通居民的住所与官阙和官署隔离，加强了对宫城和皇城的卫护，让皇城更加安全和更具私密性。

北魏重建洛阳城，一次性建成 320 个“坊”，所有的居民被分配到各个坊里居住。

洛阳的“坊”，开创了国家建设居住和商业空间的先例，有计划地规划都城，然后把百姓安置在预设的空间里，让都城空间配置更具有实用性和政治性。

空间的意识形态化和阶级化，也在这种规划和建设中得到形象的体现。

唐代以前，都城由一道道、一重重墙垣组成骨架，不仅四周有“城”和“郭”的建设，具有封闭整个城郭和加强防卫警戒的作用，同时城郭以内，所有宫殿、官署、仓库、贵族官僚的府第也都筑有墙垣，连作为居民聚居点的“里”或“坊”和作为商业区的“市”，也建有防卫警戒用的围墙。

唐朝的坊市制，对人身自由进行严格的限制，哪怕是身为宰相，也仍然要从坊门出入。从空间平等的角度来说，这同样是另一种形式的空间正义。

唐宪宗元和十年（815）六月，天还没亮，宰相武元衡从自己家所在的靖安坊东门出发，准备入朝。路上，埋伏的刺客突然向他放箭，射中其肩，把他的侍从吓走，刺客跳出来，在大街上杀死武元衡，割取头颅而去——针对宰相的恐怖袭击，震惊朝野。

汉唐均有少数高官的宅第可以临街开门，其他官员百姓的门，只能开在自己居住的“里”内。

当时一般居民的“里”，都是正方形的，四面各开一门，设有里正二人和里吏四人主管里中政务，并设有门士八人，监督观察四门出入的人。

空间政治：放开封闭的“开封”

事实上，赵宋也像李唐一样，继承了前朝的政治、文化和经济遗产。

都城的由“封”到“开”，成为名副其实的“开封”，肇始于赵匡胤从柴氏孤儿寡母手中夺走江山的北周。

在 1000 多年前的北周，当政者面临着这样的问题：由于内城空间狭窄，不得不向外扩张。

但此扩张不像东晋的建康城是为了皇城的壮观，让皇家更有面子，而是城市发展遇到了巨大的空间问题：内城屋宇交连、街道狭窄，夏间暑热难挡，经常发生火灾。

因此，周世宗在显德二年（955）四月下了一道诏书，说明扩建外城的目的，一方面是为了解决军营和官署的用地不足问题，更重要的是，还着重于解决原有“坊市”中“邸店有限”，即解决外来工商户所需邸店不足和租费猛涨的问题。

开封城是建立在旧城基础上的都城，由于都城的人口吸附效应，大量的驻军以及朝廷衙署的存在，城市空间被分配殆尽，用于企业经营的场所不足，企业租赁房屋的费用上涨，企业和朝廷从业人员缺乏足够的居住空间，造成空间正义的缺失。

周世宗所采取的不是“疏解”，而是反其道而行之——“吸纳”。

周世宗在扩建外城以后，立即疏通开封对外的水道交通。显德四年（957）四月乙酉，“诏疏汴水北入五丈河，由是齐、鲁舟楫皆达于大梁”。次年三月“浚汴口，导河流达于淮，于是江淮舟楫始通”。

水上交通顺畅后，为了便于接待大量客商运输货品进入新扩建的外城，同时支持客商需要的“邸店”建设，允许民众自由建造房屋——“即任百姓营造”。

诏书上说，“其标内，俟县官（指政府）分画（划）街衢、仓场、营廨之外，听民随便筑室”。

为了繁荣市场，周世宗还鼓励官员出资建设房屋，开设

“邸店”或者租赁。后来著名的《清明上河图》所画市井繁华景象，就是在这一政策下产生的。

汴水疏通后，亦只是一条水路而已，大将周景威很有商业眼光，于临汴风光尤佳处，建楼十三间，“世宗嘉之，以手诏奖谕。景威虽奉诏，实所以规利也。今所谓十三间楼子者是也”。

周景威所建的十三间房子，成为汴水边的标志性建筑——“十三楼”。自此，开封官民开始在汴水边兴建房屋、“邸店”，沿水一带渐渐繁华起来。各类营业场所鳞次栉比，多为城市居民日常生活所需的零售商铺。长街迤逦，约有5公里，长长的商业街上，坊巷院落难以计数。

货币化的空间：开封城的空间正义与平等

北周的开封，首次把空间予以货币化，即人们可以自由在都城买卖房屋。房屋价格的高低，与今天的城市空间交换原则基本相似，完全取决于地段、用途和商业上的盈利能力。

至宋，这个制度未变——除了接手北周的花花江山，对于制度，赵宋也大多原封未动地予以接收。

哪里人多，哪里的商品最好卖，哪里的房屋价格就高，成了新的城市规则——资本进入房屋市场的通道业已打开，按照马克思主义地理学的说法，宋朝的开封，空间的构建完全取决于生产关系，也就是生产方式，以及通过生产方式，取决于社会内部的劳动分工。

城市的空间性，第一次得到了完美的阐释。

开封仍然沿用着旧的坊市制，同时开创了新的城市管理单元——厢。

从北周开始，中国的早期资本主义开始萌芽，在空间层面有着明显的表现。

如列斐伏尔所说："空间不是一种纯洁的表现，而是传达了资本主义社会的准则和价值观，而且首先是交换和商品的价值观，也就是拜物教。最终，意识形态就不再真正地存在了，存在的仅仅是虚假的意识和它所生产的话语。"

但早期资本主义自有其内在的自洽性，与国家垄断和完全支配空间、一切空间权力都在皇家和世家大族手里的秦汉不同，宋朝的都城空间，因为可以通过货币化被私人占有，因而具有了一种空间理性，可以"被商业化、碎片化，并被一部分一部分地出售"。

北宋名臣欧阳修，有一首诗，专门记述开封城的空间平等。

嗟我来京师，庇身无弊庐。

闲坊僦古屋，卑陋杂里闾。

邻注涌沟窦，街流溢庭除。

出门愁浩渺，闭户恐为潴。

欧阳修24岁中进士，在开封赁屋而居，38岁升至“知谏院兼判登闻鼓院”，仍然赁屋而居。

所谓的空间正义，意味着在空间占有方面，人们的权利是平等的——除了皇帝（皇族也同样如此，他们共同居住在皇帝分配给的院落里，所居院落大小基本相同，生活水准也基本一样，并接受大宗正司的严格管束）。

北宋时的开封，并不为官员提供公有住房，只给薪水，一应开支，都是自己应付。因此，儒家知识分子与其他社会阶层相比，在许多方面拥有特权，但在空间占有方面，与其他社会阶层的都市权利都是平等的。

由于空间货币化，不管你是什么来头，知名度多高，在空间面前，与普通人都回到同一起跑线。

当时具有国际影响的大诗人、大学者和大政治家苏东坡，21岁与弟弟苏辙跟着父亲苏洵到开封赶考，父子三人一块儿租住在太平兴国寺的澡堂子里。

也就是说，当时的佛寺，也可向外出租房屋，用以获利。

后来成为唐宋八大家的苏家父子三人，在这里整整住了一年才搬走。

考中进士，既有可能留京为官，也很有可能外放，所以，苏轼兄弟两人有了官衔和俸禄以后，也没有在开封买房子，而是先租民宅，后租公房——在北宋，国家出资建设居住空间即公租房，租给官员使用，用以解决官员的居住需求，同现在的状况大体相似。

为了在官场更上层楼，苏轼和苏辙发奋苦读，曾经租住“驿馆”一段时间，而苏洵则跑到雍丘的亲戚家里借住了两年左右的时间。

“苏门四学士”在开封也是租房而居，张耒曾经写给晁补之一首诗：

昔者与兄城南邻，未省一日不相亲。

谁令僦舍得契阔，此事我每愧古人。

大意是两人曾经租房而为邻居，因此得以天天见面。但在租来的房子里得到知交，与古人相比，我真是太惭愧了。

宋代另一位诗人方岳也有一首诗写《僦舍》，其状可悯。

僦舍真如百漏船，一番风雨一骚然。
从头避席遍迁坐，并手移书已绝编。
叹息敢为三宿恋，支吾那得一囊钱。
世间事更多如屋，聊复因循过目前。

朱熹曾说：“且如祖宗朝，虽宰执亦是赁屋。”说明北宋在空间面前不分贵贱，达成了某种程度的空间正义。

也就是说，在北宋时的开封，人们在空间面前具有平等性，这基本阻碍了特权阶层通过非正义程序造成的空间机会不平等和空间占有不平等。通过扩大外城，鼓励居民自建，最大限度地矫正由市场导致的空间占有的结果不平等。

另外，打破了对“市”的严格位置管理、方向管理和时间管理、出入管理，创造了街区的差异性，城市空间的生产、分配和消费等方面，能够充分尊重和满足城市人群的多样性需求，营造丰富、生动的城市空间。

但资本对空间的争夺，必然演变为空间的非正义，激化社会矛盾，因此，宋朝也对空间竞争进行限制。宋真宗于大中祥符七年（1014）发布诏令："现任京朝官除所居外，无得于京师购置产业。"

限制官员在都城买房，而且，只对官员强调"房子是用来住的"，即只许买一套自住房，而其他民众，则不在限制之列。

娱乐空间的开辟：都城的功能嬗变

宋朝的开封，由于前朝周世宗的开拓，以及王朝创立者赵匡胤的开明，坊市制在北宋开始崩溃，形成了临街开店的商业街市。

北宋时期的开封城，商业繁盛，据元丰八年（1085）的有关记载，当时加入行会组织的“诸色行户”，总共有6400多户。

随着商业的繁荣，各类新的公共空间也不断生产出来。

最突出的是“勾栏瓦舍”，作为一种新的商业业态，生产出了满足城市中下层百姓需求的娱乐空间。

“勾栏瓦舍”即有“勾栏”边的“瓦舍”，或在“瓦舍”中的“勾栏”。

瓦舍是综合娱乐城，勾栏是剧院。

据《东京梦华录》记载："街南桑家瓦子，近北则中瓦，次里瓦。其中大小勾栏五十余座。内中瓦子莲花棚、牡丹棚，里瓦子夜叉棚、象棚最大，可容数千人。自丁先现、王团子、张七圣辈，后来可有人于此作场。瓦中多有货药、卖卦、喝故衣、探搏饮食、剃剪纸画令曲之类。终日居此，不觉抵暮。"

"勾栏瓦舍"的出现，表明宋朝的开封，已经允许民间建设自己的"公共娱乐空间"。随着"勾栏"里的表演水平越来越高，渐渐出现了明星式的艺人，连皇室成员也往往成为这里的观众，某位皇室公主，日日流连于此，连夫婿生病也不在床边照顾，而是跑到"勾栏"里消遣，惹得皇帝老子也老大不高兴。但由此可见，城市娱乐空间的出现，改变了严格的阶级分隔，身份地位悬殊的人们，也可以在共同的空间里一起相处，共同享受。

《东京梦华录》里一共提到了 70 多位当时的著名艺人。以小唱出名的李师师、徐婆惜、封宜奴；药法傀儡、水傀儡都演得出色的李外宁；每天五更开始表演小杂剧、稍微去晚了就看不上的任小三；讲历史类评书的杨中立、张十一、徐明、赵世亨；讲小说类评书的王颜喜、盖中宝；舞旋表演最好的杨望京等。李师师是开封名妓，她经常出现在其他宋人的笔记和诗词中。据北宋张邦基所著《墨庄漫录》记载，“政和间，汴都平康之盛，而李师师、崔念月二妓，名著一时。晁冲之叔用每会饮，多召侑席。其后十许年，再来京师，二人尚在，而声名溢于中国”。李师师唱歌大概确实出色，年轻时同晏几道、秦观、周邦彦都有交往，徽宗也常去听唱。即便“靖康”之后，流落南方，依旧有士大夫邀请她演出。

开封城娱乐空间的扩展，不是偶发的，而是城市社会、经济、文化发展的结果。城市里的民众，对城市有更多的空间渴望，居住空间的满足和消费空间——比如市的存在，并不能解决城市居民在城市里日益严重的孤独感，而民众对娱乐空间的需求渴盼，便成为城市里的民众在新空间里进行情绪排泄的重要出口，“勾栏瓦舍”的出现，满足了城市居民对情感活动与精神娱乐的需要，也极大地丰富了都城的空间结构形态。

在开封，另一个新的空间形态是酒楼。

秦汉期间，入夜宵禁已为成规。在规定的时间里，大街上将空无一人，违反此例者，将被治罪。这样的城市生态，不可能生长出适宜于夜间活动的娱乐空间，比如酒楼。

《宋会要辑稿·食货》记载，宋太祖赵匡胤于乾德三年（965）下令开封府："京城夜市至三鼓已来，不得禁止。"

此令一出，夜市自此蓬勃发展，至宋徽宗政和、宣和年间尤盛。

《东京梦华录》里说，当时的开封，"八荒争凑，万国咸通。集四海之珍奇，皆归市易；会寰区之异味，悉在庖厨。"

"悉在庖厨"，除了服务于普通闾左的街头小吃外，主要体现在服务于官宦阶层和豪右之家的酒楼上。

话本小说《赵伯升茶肆遇仁宗》里，有一阕词，专门描述开封的酒楼：

城中酒楼高入天，烹龙煮凤味肥鲜。公孙下马闻香醉，一饮不惜费万钱。

招贵客，引高贤，楼上笙歌列管弦。百般美物珍羞味，四面栏杆彩画檐。

著名的《东京梦华录》记载，“白矾楼，后改为丰乐楼，宣和间，更修三层相高。五楼相向，各用飞桥栏槛，明暗相通，珠帘绣额，灯烛晃耀。”根据文献可知，此楼由东、西、南、北、中五座楼宇组成。三层相高，五楼相向，飞桥栏槛，明暗相通。整体建筑高低起伏，檐角交错，富丽堂皇。

开宝七年（974）正月十四日，宋太祖巡幸大相国寺，返回途中，少驻酒户孙守彬楼，然后又至白矾楼观杂戏。

北宋僧人文莹，在其笔记《湘山野录》里记载：日本使者来宋朝贡，真宗大喜，要求日本国建“神光寺”来护佑国家，因此需要给“神光寺”写一个寺记，遍寻大学士张君房不见，原来此公正在白矾楼饮酒作乐。

这也说明，此楼已经成为各界爱饮之人的最爱。

神宗时，富家子弟沈偕带名妓蔡奴来白矾楼饮酒，当晚饮徒千人，沈偕告诉在座的所有人，“极量尽欢”，然后他替所有的人买了单。“于是豪侈之声满三辅”。

后因经营者易手，一度经营不善，宰相寇准下令减税，“若令三司与减日赁之直”。

为了支持白矾楼的经营，宋仁宗也特批白矾楼可以批发售卖酒：令于在京脚店酒户内拨定三千户，每日于本店取酒沽卖。

白矾楼得此宠爱，全因其纳税非常多，像当下的有些地方大企业，地方税收对其严重依赖，到了不能倒下的程度。

北宋的空间政治，已经日益显现出民主化的倾向，酒楼的高度竟然可以超出皇宫，比如丰乐楼的内西楼，后来不得不“禁人登眺，以第一层下视禁中”。意思是说，从楼上可以看到大内的人物景色。

诗人王安中曾有诗《登丰乐楼》，说明此楼之高：

日边高拥瑞云深，万井喧阗正下临。
金碧楼台虽禁御，烟霞岩洞却山林。
巍然适构千龄运，仰止常倾四海心。
此地去天真尺五,九霄歧路不容寻。

空间即政治。

佛寺出现之前，皇家的宫殿是都城的最高建筑，因为皇家不容居人之下，空间即权力，比皇家居所的高度还高，一定有不臣之心，会被视为僭越。

佛寺出现之后，在“沙门不敬王者”时代，佛寺的高度低于皇宫，但随着皇帝和皇室人员成为信徒，佛寺开始高于皇宫。

但此时的佛寺，并不与世俗权力相冲突，也不与皇家争夺世俗权力，而是代表佛、菩萨，对皇室和王朝进行守护，是以守护者的身份出现的。因此，皇室允许佛家高出其一头。

代表世俗社会的酒楼，也能高出皇宫，在其他朝代是根本不可能的事，这表明皇家权力在空间管理方面，已经开始松动。

宋朝的皇帝和皇室已经放弃在空间方面的全面掌控，同时放弃空间上的唯我独高，把自己降为与民同乐的亲民角色。

宋代诗人刘子翚有诗赞美白矾楼之盛：“梁园歌舞足风流，美酒如刀解断愁。忆得少年多乐事，夜深灯火上矾楼。”

事实上，白矾楼虽然是三层楼，但因为采用了特殊的建筑方法，即先建二层砖石台基，台基上立永定柱做平座，平座上再建楼，所以，名为三层，实际上却比正常的三层楼要高出许多。

《东京梦华录》还记载，当时的酒楼："必有厅院，廊庑掩映，排列小阁子，吊窗花竹，各垂帘幕。"

有学者研究指出："酒楼经营者调动了娱乐的手段，终朝唱乐喧天，每日笙弦聒耳。为了进一步笼络住光顾酒楼的客人，经营者还雇佣妓女在酒楼作招待……她们的作用主要是使酒楼的气氛更加活跃，酒客则潇洒悠闲，各取所需：饮了，亮盏邀当垆美人共话；醉了，醺醺地在花团锦簇中品尝秀色……"

酒楼是宋代生产出来的新的都城空间，表明在宋代，商业经济、娱乐文化与政治之间，表现出相互融合的态势。都城中心由单纯的政治功能性质向与城市生活组织密切联系、辐射范围更为广泛、功能更加多样化的复合性中心发展。

正如国际前沿社会理论家大卫·哈维所说："对空间的表现会反过来影响到人们对物理空间和物质空间的内心感知，因为由艺术创造表达出来的空间包含了创造性，由此形成的空间意义关系会构成人们不同的感知模式。”

皇家宫殿的特权空间统率城市的时代已经过去，更多平民化的空间被生产出来，成为上自天子、下至平民都可以使用的共有空间。

这与上一个统一王朝——唐代相比，空间的平等性首次明显地展现在世人面前。

在秦、汉、唐时代，皇帝是神秘的半人半神的人间神祇，皇帝的居住空间与活动空间都远离都城，封闭在不易受攻击的安全角落，与皇家相邻而居的，只能是有血缘关系的贵族。

唐以前的朝代，空间的阶级分隔特别明显，也特别重要，人们借助空间来对彼此的阶级和阶层进行严格划分。就连朝中大臣也不能与贵族住在一起，而平民百姓，当然也不能与大臣住在一起。

唐代京城的坊市制度的设计是用来严格控制居民的活动的，城坊远离喧嚣的市场和宽敞的寺庙。人们被隔绝开来，只能与自己同圈子的人一起生活。

相同的阶级和阶层，住在相同的社区里。比如皇室成员，唐代住在独立的“坊”里，一直到北宋初年，也还住在独立的社区里，不与普通百姓混住；后来，皇室成员膨胀，到了皇家无力照拂的地步，才渐渐允许他们拥有独立的居住空间，把自己从群体中分离出来，成为独立的居住个体。

人们被空间进行阶层定义和身份区隔，某种程度上，空间即阶层，空间即权力。

但到了宋代，一切都改变了，世俗力量第一次打破了皇室对都城的空间垄断。

由于空间上的平等，也影响了统治者的社会治理方式和统治方式，统治者放弃了自己的文化霸权，让市民文化有机会与主流文化互动，形成宋代新文化。

开封城的另一个新空间，是茶肆。

茶是唯一起源于中国并在世界范围内流行的作物。可靠的资料证明，战国时，四川就已经开始种植茶树，由茶泡制的饮品也进入人们的日常生活。但茶真正成为一种全国范围内的饮品，是在唐朝，主要与佛教的流行有关。

《哈佛中国史·世界性的帝国：唐朝》的作者、美国学者陆威仪说：“僧侣们不应该在午后食用固体食品，于是他们依赖于液体，茶叶对于帮助他们在坐禅时保持清醒和专心特别有好处。《圆仁日记》证实了，旅行者经常留在佛寺中，茶水的招待也成为欢迎他们的一种标准方式，并且给客人上茶成为殷勤好客的一种表示，逐渐在世俗信众中流行开来。”

在唐朝，各地开始了种茶的竞争，地方官员争着把新茶送往京城，由皇帝、皇室和大臣们品评，晚唐的皇帝甚至通过赠送特别挑选的茶叶作为对官员的奖励，饮茶的游戏在朝廷发展起来，茶叶也成为科举考试时应试者的首选饮品。

到了北宋，茶叶已经像米和盐一样，成为民众日常生活中不可或缺的东西，为普通民众服务的茶肆开始大量出现，成为都城新的娱乐空间和消费空间。

像酒楼一样，皇帝也经常进入茶肆喝茶，贵族、大臣和诗人们也经常流连于此。

有一则故事说，四川学子赵旭进京赶考，殿试时，宋仁宗亲自阅卷，对他的试卷大加好评，只是认为他写了一个错别字，把赵旭叫上来问话时，赵旭坚持说字没有错，于是未被录用。数年后，微服出行的宋仁宗在一家茶肆喝茶时，看见墙壁上写了一首诗，非常喜欢，一问才知，是当年被他黜落的赵旭，流落京城，卖文为生，仁宗大叹可惜，给了赵旭一个新的任命。

《大宋宣和逸事》里，宋徽宗看中李师师，与师师相会的场所，也是一个茶肆，名叫“周秀茶坊”。

故事不是重点，重点是茶肆。

在北宋，出入茶肆，已经成为人们的生活方式。每天清晨五更即点灯做买卖衣物、图画、花环、领抹之类生意的早茶肆；每天夜晚吸引仕女来游玩吃茶的有仙洞仙桥、设施别致的北山子夜茶肆；还有中间建有浴池的茶肆，《清明上河图》中所描绘的临河的简易小茶肆……为了使顾客日夕流连，乐而忘返，茶肆均大加修饰，挂名人字画，插四时鲜花，安顿奇松，放置异桧。

宋话本《清平山堂话本》卷三《阴骘积善》里，有一段对茶肆的描述：“花瓶高缚，吊挂低垂。壁间名画，皆则唐朝吴道子丹青；瓯内新茶，尽点山居玉川子佳茗。风流上灶，盏中点出百般花；结棹佳人，柜上挑茶千钟韵。”基本可见当时茶肆的风格。

唐代大诗人元稹有一首宝塔诗，写出茶的妙趣。

茶

香叶，嫩芽，

慕诗客，爱僧家。

碾雕白玉，罗织红纱。

铫煎黄蕊色，碗转曲尘花。

夜后邀陪明月，晨前命对朝霞。

洗尽古今人不倦，将知醉后岂堪夸。

北宋诗人秦观，一首《鹊桥仙》传颂千古，他的一阕《满庭芳·咏茶》，同样美不可言：

雅燕飞觞，清谈挥座，使君高会群贤。密云双凤，初破缕金团。窗外炉烟似动，开瓶试、一品香泉。轻淘起，香生玉尘，雪溅紫瓯圆。

娇鬟。宜美盼，双擎翠袖，稳步红莲。坐中客翻愁，酒醒歌阑。点上纱笼画烛，花骢弄、月影当轩。频相顾，余欢未尽，欲去且流连。

茶、酒、美女，是诗人生活中不可缺少之三宝，秦观此词虽然是“咏茶”，但主角仍然是“双擎翠袖，稳步红莲”的美人。大约当时的茶肆，也是美女当道，不须红袖添香，却须翠袖擎茶。

秦观的老师苏轼的一首诗《汲江煎茶》，却写出了饮茶的另一种味道和境界：

活水还须活火烹，自临钓石取深清。
大瓢贮月归春瓮，小杓分江入夜瓶。
雪乳已翻煎处脚，松风忽作泻时声。
枯肠未易禁三碗，坐听荒城长短更。

酒楼和茶肆，是宋代都城生产出来的新空间，虽然都属于资本生产，但是已经属于民间生产，而不是国家资本生产和权力意志生产。

皇权开始向资本和世俗权力退让，允许资本和民众生产新空间，并与普通民众共同使用和享受，皇帝从半人半神，终于走入民间，成为“超人”，尽管仍然不同于普通民众，但已经与普通民众有了共同的兴趣爱好，共同的娱乐空间。

有宋一代，无论是文彦博的“皇帝与士大夫共治天下”，还是赵普所说的“天下物道理最大”，都否定了皇帝的绝对权威，认为皇权之上有天理，因此，在空间生产方面，皇室不再是都城空间的唯一生产者，开放式、多元化的空间生产，成为开封的活力之源。确实如宫崎市定先生所说，代表着中国进入了“近世”，开始了对中世的否定。

开封还有一个重要的公共空间，就是佛寺。自五代始，佛寺就成了都城新的公共空间，皇帝以人间菩萨的面貌出现在佛寺里。到了北宋，皇室已经蜕化为人类，而不是人间菩萨，与百姓共同向佛，成为宗教的信徒，并与其他信徒共享宗教空间。

宋初自太祖至仁宗天圣二年（1024)，开封寺院约有大小70余所。到北宋末，金人入汴之前，又增加了至少20余所。

欧阳修曾经在《河南府重修净垢院记》一文中有过论述：“河南自古天子之都，王公戚里、富商大姓处其地，喜于事佛者，往往割脂田沐邑货布之赢，奉祠宇、为庄严。故浮图氏之居与侯家主第之楼台屋瓦，高下相望于洛水之南北，若弈棋然。”

以大相国寺、开宝寺、天清寺、太平兴国寺著称的皇家四大寺院中，除了太平兴国寺坐落于浚县大山中外，其他三座佛寺都位于开封。其奢华程度，令人咋舌。

大相国寺深得皇家尊崇，多次扩建，占地达540亩，辖64个禅、律院，养僧1000余人，是京城最大的寺院和当时的全国佛教活动中心。宋太祖把从庐山东林寺运回的500个铜罗汉像放到大相国寺。宋太宗晚年对大相国寺进行了大规模扩建，使正殿高大、庭院宽敞、僧房栉比。

宋白《大相国寺碑》中有这样的描写："龙华春日，燃灯月夕。都人士女，百亿如云……千乘万骑，流入如龙……凭栏四望，佳气荣光。俯而望之，疑蕊珠阆风，神话于海上。"

由于大相国寺濒临汴河，寺门前是东京城内的重要码头，因而成了繁华的民间交易和游乐场所。

大相国寺每月开放八次。《麈史》上说："都城相国寺，最据冲会，每月朔（初一）、望（十五）、三（初三、十三、二十三）、八（初八、十八、二十八）日即开。伎巧百工列肆，罔有不集。四方珍异之物，悉萃期间。”

据宋王栐《燕翼诒谋录》载：“东京相国寺僧房散处，而中庭两庑可容万人，凡商旅交易皆萃其中。四方趋京师以货物求售、转售他物者，必由于此。”

《东京梦华录》详细描述了大相国寺万姓交易的盛况：“大三门上皆是飞禽猫犬之类，珍禽奇兽无所不有……近佛殿，孟家道院王道人蜜煎……”

当时人们用“金碧辉映，云霞失容”来形容大相国寺。

元宵节时，大相国寺更是热闹非凡，大殿前设乐棚，供皇家乐队演奏。月上东山，多彩绚烂的灯展使大相国寺彻夜灯火辉煌，远远望去，宛如仙境，人们通宵达旦观灯。寺内夏日可纳凉，冬季可赏雪。

画圣吴道子与大相国寺的一段文墨故事，更是让大相国寺平添风流。他在墙壁上画了一幅生动传神的文殊维摩菩萨像，衣带飘飘，老方丈不禁惊呼：“真乃神来之笔，吴带生风。”

画佛，是佛寺作为公共场所的需要。因为人们要来礼拜佛像，通过礼拜、祷告、诵佛号来积累功德。换言之，作为公共空间的佛寺，需要佛教艺术品来满足信众的崇拜需求。

大诗人梅尧臣在《同次道游相国寺买得翠玉罂一枚》一诗中，描写了自己去大相国寺“淘宝”的经历：

古寺老柏下，叟货翠玉罂。
兽足面以立，瓜腹肩而平。
虚能一勺容，色与蓝水并。
我独何为者，忽见目以惊。
家无半锺畜，不吝百金轻。
都人莫识宝，白日双眼盲。

词人李清照也是大相国寺的常客，她在文章里回忆：“予以建中辛巳归赵氏，时丞相作吏部侍郎，家素贫俭，德甫在太学，每朔望谒告出，质衣取半千钱，步入相国寺，市碑文果实归，相对展玩咀嚼。后二年，从官，便有穷尽天下古文奇字之志，传写未见书，买名人书画、古奇器。”

小结｜柴荣的贡献：对开封城的“地理创造”

当我们回看过去，“历史创造”终于不再是唯一的视角，“地理创造”成了帮助我们审视过去的一个新帮手。

在北宋的开封，普通民众第一次拥有了“城市权利”，即参与空间创造、参与城市管理、拥有城市生活的权利。在此前的朝代，都城都是皇帝的，民众不过是必要的点缀。

列斐伏尔认为，都市空间是有意识、有目的地被建构出来的。

以此来检验北宋开封城的空间生产，似乎并不确切。

因为皇权放弃了独家生产空间的权力，而交由民众自己生产，因此，空间生产的创新性空前提高，意识和目的有时并不能够奏效，恰恰是城市生活需要，主导了空间的生产和再生产。

这也正是列斐伏尔所主张的“都市空间的生产每天都以资本的逻辑在进行，都市空间的面貌被资本所塑造”。

恰恰是城市需要，主导了资本的创造活动。

根据美国社会学家戈夫曼的拟剧理论：空间对人的行为

具有制约和诱导作用，空间在人之上，为人的行为立法。

以此为基调，我们可以得出这样的结论：有了什么样的空间，才有了什么样的社会生活。

也就是说，空间与社会是互相影响、互相塑造的，正如美国后现代地理学家爱德华·W. 苏贾所说，空间的组织和意义是社会变迁、社会转型和社会经验的产物。

具体到北宋，前所未有的空间生产和创新，其实并不完全来源于赵宋王朝的皇帝们，也不完全来源于资本和民间创新，一个重要的思想资源，来源于后周的皇帝周世宗柴荣。

赵宋王朝以开明著称，或许太祖赵匡胤的个人成长经历和文化背景里，有着这样那样的因素，但柴荣对他的影响，也绝对不容忽视。

史载，柴荣是商人出身，虽然后来从军，但身上有一股商人气质，对人友善，虚心求谏，曾极为诚恳地点名让 20 多名翰林学士写《为君难为臣不易论》和《平边策》。

作为皇帝，能够让大臣超脱地看待君臣两方的问题，是非常难得的。

如何“平边”，他也不是自己拍脑袋，而是让大臣们贡献智慧，自己认真阅读后，采纳了大臣王朴《平边策》中“先易后难”的主张，以此制定统一大计。

这些做法，一定也对赵匡胤起到了耳濡目染的作用，对他产生了很多积极影响。

柴荣致力于以文化为本进行国家建设，考正雅乐，纠正科举弊端，搜求佚书，大兴文教。

赵匡胤为后世立碑“不杀士”，很难说不是柴荣对“士”的尊重和礼让影响了他。

柴荣非常重视读书人，重视国家的藏书和文化建设。他多次亲临史馆视察藏书情况，见藏书太少，便诏告天下，凡献书之人，均给以优赐；然后选常参官30人，对所藏图书进行校雠、刊正、抄写，并令在书卷末署校书者名衔。为后周国家藏书奠定了基础，被史家称为“五代第一明君”。

赵宋代柴周而立，在制度、政策、文化方面，都延续了柴周的做法。

柴荣发展商业和城市等方面的作为，开中国走向商业文明和市民文化的先河。

开封的空间开放与公共空间的生产，基本在柴荣执政时得以完成，或者奠定了良好的基础。

后世对柴荣的评价，亦可做见证。

欧阳修说："世宗区区五六年间，取秦陇，平淮右，复三关，威武之声震慑夷夏，而方内延儒学文章之士，考制度、修《通礼》、定《正乐》、议《刑统》，其制作之法皆可施于后世。其为人明达英果，论议伟然。"

司马光如是评价："若周世宗，可谓仁矣！不爱其身而爱民；若周世宗，可谓明矣！不以无益废有益。"

山外青山楼外楼，西湖歌舞几时休

皇家采买：都城消费升级与“国家刺激”

南宋从各个方面极力掩饰，以证明自己仍然是中华文明的中心，是华夏文明的正统，而接续儒家，完善儒家思想并传承谱系，成为朝廷和知识分子共同的使命，是国家需要的一种“文化掩饰”。

靖康之变后，赵宋余脉不得不迁至江南，以图再起。

再度衣冠南渡，比东晋走得更远。

很快，金人的进攻便停止，赵构建立的新政权渐趋稳定，在杭州扎下根来，为了表明这只是权宜之计，把杭州改为“临安”。

自秦以降，汉唐乃至宋的都城，基本上是政治中心与经济中心分离。因为，北方的长安、洛阳和开封，都不是当时的经济中心，中国的经济中心在汉代就已经不可阻挡地向长江以南移动。

杭州成为都城后，“成为世界上最大的城市”，马可·波罗说：“这座城的庄严和秀丽，的确是世界其他城市所无法比拟的，而且城内处处景色秀丽，让人疑为人间天堂。”

宋朝南渡，空间生产能力已经大大减弱。一方面是国力使然，另一方面也是“临安”的心理状态使然。资本虽然还在城市的空间生产上发挥着作用，但是创新能力已经几近于无，整个南宋，都在仿制北宋中成为历史的存在。

南宋的资本性空间生产，主要是御街。而文化性空间生产，则一是西湖，二是书院。这都超出了西方空间理论学者对空间生产的认识。但御街不过是开封汴河边繁荣商业的复制，而西湖，也不过是重新疏浚，使之富有新的意义而已。书院北宋即有，到了南宋，无非更加繁盛。

同开封一样，临安是一座历史名城，南宋将临安定为都城后，城内几乎没有地方可以修建皇宫。无奈之下，皇宫搬到了城南即凤凰山北麓，朝廷的各类官署衙门也搬到了这里。

东汉时，刘秀定都洛阳，因为皇宫的位置与长安不同，皇帝与大臣遇到了礼制问题。南宋的皇帝和朝臣们又遇到了新的礼制问题：临安整个都城的布局是坐南向北的，它和北宋都城东京的布局方向正好相反。

住在城南的皇帝，在接见朝臣的时候，君臣礼仪要求皇帝面南背北，但实际上由于皇宫所处的位置与之相悖，这样的要求无法实现。

因此，宋人试图对这个不大便利的城市规划进行掩饰，他们所画的杭州地图中，把整个城市用街道、河流和城坊弄成矩形形状，并很荒唐地把皇宫画成方形，与南边城墙平行（实际上该城墙曲曲折折），其用意是暗示京城的布局在几何图形上是完美的，尽管在实际上远非如此。

就像需要掩饰城市布局上的缺陷一样，南宋从各个方面极力掩饰，以证明自己仍然是中华文明的中心，是华夏文明的正统，而接续儒家，完善儒家思想并传承谱系，成为朝廷和知识分子共同的使命，是国家需要的一种“文化掩饰”。

正如迪特·库恩所说，南宋人虚构了都城的地图，目的是让人们相信，他们有一个“理想化的京城”。

御街：皇家意志主导的空间生产

在南方的临安，商人们终于挺直了腰杆儿，大诗人陆游有一首诗，道出了当时商人们的社会地位：

帆席云垂大堤外，缆索雷响高城边。
牛车辚辚载宝货，磊落照市人争传。
倡楼呼卢掷百万，旗亭买酒价十千。
公卿姓氏不曾问，安知孰秉中书权。
儒生辛苦望一饱，趑趄光范祈哀怜。
齿摇发脱竟莫顾，诗书满腹身萧然。
自看赋命如纸薄，始知估客人间乐。

通过与士大夫家族联姻，并购买大量土地，兼具商人与地主身份，商人们在儒家知识分子构筑地方势力的过程中，发挥了重要作用。

南宋未迁都至此之前，杭州大约有 20 万人口，迁都之后，城市人口急剧膨胀，许多人不得不住在城外、军营或者佛寺里。当人口与空间的关系空前紧张，空间生产，就成了当务之急。

穷困之际逃亡至此的南宋政府，显然没有财力建设一个新都城，没有资本的参与，这简直是不可想象的事情。然而空间是有限的，对于空间的占有，就是财富和权力的占有，当时的临安，已经证明了空间权力在世俗权力中的重要性。

为了占有更多的空间，建造高层房屋，就成了人们的必要选择。

马可·波罗之后的一个旅行家鲍丁南认为，当时的杭州甚至有高达八至十层的高楼。但通常来说，人们认为五层左右的楼房，是较为可信的。

这说明杭州城的空间稀缺，已经无法用资本来解决，只能求助于建筑技术，向天空发展。

尽管如此，皇家还是拿出一定的钱财建筑房屋，用以出租，并设立专门的机构“楼店务”来管理，当然，此机构不只是收房租，还管理市场，也就是收取小商户的占地费，类似于今天的工商管理费。

据称，当时的开封市郊的人口比市内人口还要多。该城共有 12 座主要的城门，而在距每座城门 8 英里之外的地方，还各有一座比威尼斯或帕度亚更大的城镇。一名外国旅行家略夸张地说，一个人在任何一处郊区走上 6 或 8 天，仍会觉得自己仿佛只走过了一小段路。

随着统治的稳定，扩建皇宫，也成为都城空间建设的必然选项。

绍兴十二年（1142），皇室在凤凰山麓的行宫中增建大殿，皇宫初具规模。但赵构是个不喜欢铺张的人，行事俭朴，以中兴为己任，所以，皇宫增建不多。16 年后，才再次增筑内城，并增筑旧城东南的外城，扩展了东南地区。杨宽先生解释说，所谓增筑内城，只是在吴越“子城”的基础上略为扩建而成皇城。

南宋的临安，在空间方面已经显示了强烈的阶级性——皇宫在凤凰山下，显贵们也聚居于附近，而巨富们则住在略远一些的凤凰山上的避暑山庄里。

贫民区在御街以外，人口密度达到每英亩 324 人之多。向天空索要居住空间的多层楼房，多在贫民区出现。由于是竹木结构，火灾便成了临安的多发之事，1132 年，有 1.3 万间房屋被一把火烧光，而 1137 年，又有 1 万多间房屋在烈火中成为灰烬。

临安作为都城而且空间狭窄，对城市的扩建也在情理之中。由殿前司都指挥使杨存中任总指挥的扩建工程，使临安城南北长达约 7000 米（14 里），东西宽约 2500 米（5 里）。但由于地形的限制，从平面图来看，扩建后的临安为“南北展，东西缩”，形如腰鼓，所以临安的别称又叫“腰鼓城”。

都城总是以皇帝的居所为中心的，临安也不例外。从宫殿北门和宁门开始，建设了一条直至城北景灵宫的大街，被称为“御街”，全长约 4500 米。御街之所以要通往景灵宫，是因为要去那里祭祖。

景灵宫是北宋真宗大中祥符五年（1012）开始在东京设置的，建筑于皇城以南的御街东西两侧，供奉有已故皇帝和皇后的御容，规定“以四孟月朝”。南宋建都临安，沿用这个体制。绍兴年间把新庄桥的刘光世、韩世忠旧宅改建为景灵宫，设有各个已故皇帝和皇后的殿，供奉有塑像，由皇帝亲自于“四孟”前往举行朝飨礼。

所谓“四孟”，是古人的一种季节标注方法，即把每一个季节的第一个月称为孟。孟春为一月，孟夏为四月，孟秋为七月，孟冬为十月。皇帝在每个季度的孟月都要前往祭祀。

景灵宫的附近，还建有供奉昊天上帝和圣祖、太祖以下皇帝的道观万寿观和奉祠五福太乙神的东太乙宫。

南宋时期，每三年，皇帝都要进行一次为期三天的祭天仪式。他沿着御街到景灵宫吃斋祭祖，住一晚后，再返回太庙（今鼓楼附近，供奉皇室祖先牌位的场所）住一晚，再到城外的郊坛祭天，再住一晚后返回皇宫。据说，皇帝车队走过时因为怕压坏石板，每次都要把石板拿掉，并铺上沙子。

可以说，御街基本属于政治空间。但在南宋的临安，御街的政治性几乎是装饰性的，蜕变成了十足的商业空间。

御街的两旁集中了数万家商铺，临安城一半的百姓都住在附近。据《梦粱录》载，“十里”御街可分三段：首段从万松岭到鼓楼，是临安的政治中心，靠近皇宫、朝廷中枢机关，皇亲国戚、文武百官集中，消费与购买力最强，因此，这里的店铺大多经营金银珍宝等高档奢侈品。也可以说，这一段是皇家的生活供应中心。

“孝仁坊口，水晶红白烧酒，曾经宣唤，其味香软，入口便消。六部前丁香馄饨，此味精细尤佳”。皇家吃用之物，在其他朝代都是内廷购买，然后交由在皇宫内的御厨烧煮。但在南宋，过于发达的市场经济，使御街上的各类供应价廉物美，皇室直接来这里购买，皇宫与市场息息相通，市场的每一个波动，皇宫内都可以迅速感知——这几乎是一个空前绝后的时代。

在几百年后的清朝，由于内务府从市场上购买物品，再从中渔利，以至于皇帝以为鸡蛋都是大臣们难以吃得上的奢侈品。但在南宋，这样的事情根本不可能发生。由此可见，市场是一个精确的价格传导机器，了解民生疾苦的最好方法，就是皇宫大内直接与市场对接。

御街的第二段从鼓楼到众安桥，以羊坝头、官巷口为中心，是当时的商业中心，经营日常生活用品。据《梦粱录》载，这里名店、老店云集，有名可查的多达 120 多家。

这里也是歌馆集中的地方，所谓歌馆即是妓院。《武林旧事》卷六《歌馆》说：平康诸坊，如上下抱剑营、漆器墙、沙皮巷、清河坊、融和坊、新街、太平坊、巾子巷、狮子巷、后市街、荐桥，皆群花所聚之地。外此诸处茶肆，清乐茶坊、八仙茶坊、珠子茶坊、潘家茶坊、连三茶坊、连二茶坊，及金波桥等两河以至瓦市，各有等差，莫不靓妆迎门，争妍卖笑，朝歌暮弦，摇荡心目。

大酒楼、茶坊，包括“花茶坊”即“楼上专安着妓女”的茶坊，也集中于此。御街中段更是当时重要的商业组织“市”“行”“团”的所在。

最后一段著名的店铺较少，但因为众安桥西南有下瓦子，这里成了都城最大的娱乐中心。此处俗呼“北瓦子”，是临安最大的瓦子，有勾栏 13 座，是著名民间艺人会集之地，日夜表演杂剧、傀儡戏、杂技、影戏、说书等多种戏艺，每天有数千市民在这里游乐休闲。

据说，瓦舍中的“百戏伎艺”多达六七十种，服务业从业人员也达数千人。

从经济地理上看，御街不仅连接城市南北，也连接着北边京杭运河和南边钱塘江。日本学者斯波义信总结道："大运河起点和终点的这种交通上的职能和伴随而来作为物资集散的商业中心的状况，是促使杭州城市化的基本条件，当经济活动沿着这条南北干线轴集中起来发挥功能时，就自然而然出现了中心区，这个中心区在城市总体布局中的位置是经济区，即御街及其两侧，也是交引铺、金银铺之类的资本和金融店镇的集中点。"

御街上，金银店铺多达百家。《都城纪胜》中记载："自大内和宁门外，新路（御街）南北，早间珠玉珍异及花果、时新、海鲜、野味、奇器，天下所无者，悉集于此。以至朝天门、清河坊、中瓦前、坝头、官巷口、棚心、众安桥，食物店铺，人烟浩穰。"

南宋杭州城彻底打破了坊市分开的体制，《梦粱录》中记载，御街上有多达 120 家以上的有名可考的大店，"自大街及诸坊巷，大小铺席，连门俱是，即无虚空之屋"。只要有商业价值，店铺已经没有什么地方不能开立。"坊巷桥门及隐僻去处，俱有铺席买卖"。

西湖：休闲进入公共空间

西湖是临安的另一个新兴公共空间，显现了都城已经超越实用功能，开始向休闲化发展。

据《梦粱录》记载，在北宋时的 1090 年，苏轼任杭州知府时，就有了把西湖建设成杭州的休闲空间的设想和行动，他疏浚西湖，并利用挖出的淤泥构筑堤坝，后世名之“苏堤”。

东坡尝赋诗，专颂西湖：

六桥横接天汉上，北山始与南屏通。
忽惊二十五万丈，老葑席卷苍云空。

南宋绍兴九年（1139），知府张澄上奏高宗请治西湖，得到皇帝批准，指定钱塘县尉兼管疏浚西湖工程，同时配以府属厢军200人供调度。西湖自此“湖山清丽，瑞气扶舆”。

当时的人们已经有了环境保护观念，官府颁布条文，不允许包湖种田和往湖中倒垃圾废物，违反者会受到重罚。

也就是说，随着形势初定，民思安乐，休闲空间的建设，也成为都城空间生产的议题。

“绍兴间，辇毂驻跸，衣冠纷集，民物阜蕃，尤非昔比，群臣汤鹏举申明西湖条画事宜于朝，增置开湖军兵，差委官吏管领，任责盖造寨屋舟只，专一撩湖，无致湮塞”。

12世纪40年代，西湖上建立了小新堤，亦称“赵公堤”，西湖日美，渐渐成了临安的象征。《咸淳临安志》记载，“西湖……中兴以来，衣冠之集，舟车之舍，民物阜蕃，宫室钜丽，尤非昔比”。

到了13世纪，西湖上就已经形成了“苏堤春晓”“曲院荷风”“平湖秋月”“断桥残雪”“柳浪闻莺”“花港观鱼”“雷峰夕照”“两峰插云”“南屏晚钟”“三潭印月”共十个文化景观。

《梦粱录》的作者夸赞西湖：“春则花柳争妍，夏则荷榴竞放，秋则桂子飘香，冬则梅花破玉，瑞雪飞瑶。四时之景不同，而赏心乐事者亦与之无穷矣。”

诗人们喜欢这里的雅致，于此结社，称“西湖诗社”，“此乃行都缙绅之士及四方流寓儒人，寄兴适情赋咏，脍炙人口，流传四方，非其他社集之比”。

西湖上，王公流连，才子嬉戏，湖中游船多如过河之鲫，大的可容百人，小的也可容三五十人或二三十人，只只雕栏画栋，并有种种船名。

《武林旧事》记载说：淳熙间，寿皇以天下养，每奉德寿三殿，游幸湖山，御大龙舟。宰执从官，以至大珰应奉诸司，及京府弹压等，各乘大舫，无虑数百。时承平日久，乐与民同，凡游观买卖，皆无所禁。画楫轻舫，旁舞如织。

宫中佳丽，也会随从出游，“宫姬韶部，俨如神仙，天香浓郁，花柳避妍”。每当皇帝出游西湖之时，便是民间的盛事，一方面可睹天颜，一方面可欣赏宫中神女。

游玩西湖，“第三产业”人员的服务也是少不了的，“歌妓舞鬟，严妆自炫，以待招呼者，谓之‘水仙子’。”

既然西湖已经成为皇帝及百姓的共有空间，彼此间的互动逸事，当然也会不绝如缕。此外，皇帝出游，多有赏赐，当时竟有以此暴富者。《武林旧事》里记载：小舟时有宣唤赐予，如宋五嫂鱼羹，尝经御赏，人所共趋，遂成富媪。朱静佳六言诗云："柳下白头钓叟，不知生长何年。前度君王游幸，卖鱼收得金钱。"

另有一日，御舟经断桥，桥旁有小酒肆，颇雅洁，中饰素屏，书《风入松》一词于上，光尧驻目称赏久之，宣问何人所作，乃太学生俞国宝醉笔也。其词云："一春长费买花钱，日日醉湖边。玉骢惯识西泠路（宋刻"湖边路"），骄嘶过，沽酒楼前。红杏香中歌舞，绿杨影里秋千。东风十里丽人天（"东风"，宋刻"暖风"），花压鬓云偏。画船载取春归去，余情在，湖水湖烟（"在"，宋刻"付"）。明日再携残酒（"再"，宋刻"重"），来寻陌上花钿。"上笑曰："此词甚好，但末句未免儒酸。"因为改定云："明日重扶残醉。"

西湖天下景，朝昏晴雨，四序总宜。杭州人亦无时而不游，春游特盛焉。

每当百姓出游，则绛纱笼烛，车马争门，日以为常。张武子诗云："帖帖平湖印晚天，踏歌游女锦相牵（宋刻"游赏”）。都城半掩人争路，犹有胡琴落后船。”周密说，此诗“最能状此景”。

当时，丰豫门外的丰乐楼，面临西湖，是游人最多的地方。此地“据西湖之会，千峰连环，一碧万顷，柳汀花坞，历历栏槛间，而游桡画船，棹讴堤唱，往往会于楼下，为游览最”。

书院：与资本无关的城市空间

列斐伏尔说："空间是社会关系的产物，空间不仅被社会关系生产，空间本身亦可逆地生产着社会关系。"

在南宋，书院作为一种新的公共空间，被社会关系影响的同时，也可逆地影响着社会关系。

书院并不是南宋才有的新事物，却是到了南宋才成为大规模出现并深刻影响了社会关系的公共空间。

南宋学者吕祖谦在《鹿洞书院记》中说："国初斯民，新脱五季锋镝之厄，学者尚寡。海内向平，文风日起，儒生往往依山林，即闲旷以讲授，大率多至数十百人。嵩阳、岳麓、濉阳及是洞为尤者，天下所谓四书院者也。"

据邓洪波《中国书院史》的统计，南宋书院总数为 442 所。唐五代、北宋共 500 余年间所有书院的总和（143 所），也只有其总数的三分之一。书院经历 500 余年的发展之后，终于在南宋迎来了它的繁荣昌盛时期。

绍兴八年（1138），南宋正式建都于临安，此时距靖康之变，已经过去了 12 年。温州州学教授叶琳上书请立太学，但朝廷以“军食未暇，国家削弱”为由，指出时机尚不成熟，“故从缓议”。

表面上看，书院的兴起，缘由国家财力的不济，但事实上，却是一些儒家知识分子在失去北方后，开始对人生进行价值追问：究竟什么才是有意义的人生？仕宦？建功立业？还是完善自我？在此追问背后，隐含着儒家知识分子的群体焦虑：离开中原，被驱赶至北方人称之为“岛夷”的江淮之地，他们的儒家知识分子身份到底还能否代表儒家正统？

如果是，则需要建立一套根植于南方的儒家新谱系。如果不是，则他们存在的意义以及人生的意义为何？事实是，他们同时开启了这两个选项：既建立新的儒家谱系，又追问人生的意义。

书院非常重视祭祀活动，并自己排定了祭祀人物。这一点，长期被书院研究者忽略。

南宋书院，建立了一套自己的儒家传承谱系，即孔孟等先圣先师之外，特别重视供祀周、程、张等北宋的理学大师，在理宗时代，这样的祭祀程式，得到了官方认可，成了国家祭祀的标准样式。

理学家们通过在书院建立祭祀谱系并掌握祭祀权，最终为自己取得了进入儒学大师谱系的机会，获得了与孔、孟这两位至圣先师并肩而立的历史地位。

所以，朱熹们的空间建设，既是文化的，也是政治的，同时是私人的。

基于这样的考虑，书院一方面自己置办院产，另一方面，一直努力谋求书院获得国家的财政支持，并获得某种官方荣誉。

淳熙六年（1179），朱熹知南康军，主持修复了白鹿洞书院。在他淳熙九年离任后，此书院又先后多次扩建，增建礼圣殿，先后增拨寺院没入田产 1000 余亩。

朱熹的目标是希望得到皇帝的赐额、朝廷的肯定。他非常清楚，只有官方认可，理学才可能获取正统地位。因此，他“昧万死具奏以闻”，在淳熙八年向朝廷呈送了《乞赐白鹿洞书院敕额》。此次呈奏没有得到皇帝批准，还引来了若干批评。

但朱熹没有改变初衷，同年十一月，他得到孝宗皇帝亲自接见的机会。他不顾当权者“切宜勿言”的警告，向皇帝当面提出为白鹿洞书院赐书赐额的请求，终获批准。以此为开端，书院终于成为官学之外的又一套正式学术系统，朝廷对书院赐书赐额，将其纳入官方怀抱。

朱熹们终其一生都在做着这样的努力：从我做起，自我完善，自我圣化，通过个人的成圣来证明南方的知识分子才是儒家正统，才是儒家谱系的正宗传人。

家国可失，道统不失。这才是理学的精髓所在，即道统才是天下，而国家是可变的——有时是天下之中，有时是南方一隅。道不变，则天下不变。

到了清代，顾炎武的“天下兴亡，匹夫有责”，再次重申了这个概念——彼时国家已失，连南宋这样的半壁江山都没有了，那么，知识分子何以存世？只能坚守道统，坚守“道”的天下。道在，则天下在。道亡，则天下亡。

不从这个角度出发，就无法理解南宋的书院何以兴旺，也无法理解朱熹们孜孜以求的理学大业。

离开了南宋特定的历史条件而苛责理学，或者赞美理学，都是僵化的。

而当南宋特定的历史存在发生改变，则理学家们所构建的道德标准和价值追求是否还有意义，也确实是存疑的。

南宋著名学者杨时说："学而不闻道，犹不学也。"何谓道？当然是"孔颜乐处"的儒家之道。

朱熹们秉持儒道的努力，其实并非只是南宋才有的理想追求。比如，汉王朝一向信奉黄老，但到了武帝的时候，却要尊崇儒家。

美国汉学家陆威仪认为：随着公元前 154 年诸侯国的消失，用军事力量来维护旧政权的合法性被淡化，汉王朝开始寻求以"中华文明代言人的身份"进行统治。

朱熹们的困境，与汉武帝的困境差不多。中国之所以成为中国，就在于"天下"即传统的天下人共有文化的整合和延续。当君权神授遭到挑战，"文明代言人和守护者"的身份，是最恰当的。

从中原而至"淮夷"，变化的只是地理位置，但中华文明守护者的身份，并没有变化。

因此，理学家们所做的，只是以代言人和守护者自居，通过书院的方式，把儒家的传承谱系重新确立，并把儒家的核心价值，通过整理典籍、发明思想予以传承。

岳麓书院的主教张栻在《邵州复旧学记》中说："尝考先王所以建学造士之本意，盖将使士者讲夫仁义礼智之彝，以明夫君臣、父子、兄弟、夫妇、朋友之伦，以之修身、齐家、治国、平天下，其事盖甚大矣。"

吕祖谦在《乾道四年九月规约》中要求书院学子："以孝悌忠信为本，其不顺于父母，不友于兄弟，不睦于宗族，不诚于朋友，言行相反，文过饰非者，不在此位"。

朱熹在《白鹿洞书院揭示》中明确提出了书院的教育目的——五教之目："父子有亲，君臣有义，夫妇有别，长幼有序，朋友有信。"通过教学使学子成为经世致用之人。因而，朱熹要求院生能"讲明义理，以修其身，然后推己及人"。

朱熹以毕生精力完成对《大学》《中庸》《论语》《孟子》的注释工作，合称为《四书集注》，其核心目的，就是建立南宋儒学的权威，以与北方文化抗衡。

朱子总结出了理学的“三纲领，八条目”，“三纲领”即“明明德”“亲民”“止于至善”，八条目即“格物，致知，诚意，正心，修身，齐家，治国，平天下”。

整个理学是围绕着“三纲领，八条目”而建设的，其目的，仍然是个人的道德成圣，通过成圣来获得儒家正统的解释权和主导权。

理学家们的所有努力，都在于从文化上和道德上为群体和自我正名：天理，在于人心。不在于官，不在于中原。拥有天理，即拥有了“道”。而“明明德”“亲民”“止于至善”之后，自然拥有天理。同样的逻辑，拥有了天理，才可以“格物，致知，诚意，正心，修身，齐家，治国，平天下”。

正因为有着强烈的正统情怀，理学家们才强烈支持北伐，也强烈要求推翻南宋建政以来的政治决议：秦桧是中兴功臣，岳飞是中兴罪臣。

在理学家们的鼓动下，北伐一度成为国家舆论主旋律，而对建政之初人物重新进行评价，也自然是题中应有之义。于是，秦桧和岳飞的地位来了个大翻转，此后 1000 多年直到现在，两个人的位置也未曾改变。

北伐与兴办书院，通过自省与自我完善成圣，其实是一枚硬币的两面，都反映了理学家们内心深处的焦虑，即夺回正统，告别边缘化。

理学家们一直排斥佛道，同样是为了夺回文化上的统治地位。佛教东传，带来若干变化，最主要的，是中华文化的去中心化，印度取代中国成为“世界中心”，释迦牟尼取代三皇五帝成为中华圣者。

沟通人类与鬼魂世界的“灵媒”，在书写符咒的时候，也改变了中国文字自上至下的书写习惯，改成平行书写。

从皇帝、大臣到世家大族和普通百姓，顶礼膜拜的至上神灵，不再是与自己的文化和血脉有关联的列祖列宗，而是外国人如来佛以及观世音菩萨。

无论是传西经入中土的中国和尚唐玄奘，还是东渡而来的胡僧达摩，都获得了超越中华先圣的尊崇。

这样的中国，到了宋代引起儒家知识分子的警惕。理学的主要价值取向，就是恢复中华文化的正统化和神圣化，去佛，去道，恢复孔子唯一中华圣者的身份！

在南宋，发达的经济与宽松的政治，让许多知识分子不再依赖于官僚体系生存，朱熹们可以拥有产业，而不必只走仕宦这一条窄路，可以通过读书、思考进行人生追问，从而得出更接近儒家真理的答案，让人生更富有意义。朱熹们在追问的过程中，一边享受着经济的富足，一边试图蔑视财富，认为经济发达所带来的财富，会影响人走向理想境界。他们希望能像先贤一样不惧贫寒、追求真理，达到“孔颜乐处”的高境界。

这也是理学最大的吊诡之处。

到了南宋，地方空间开始从“大一统”的国家空间里渐渐分离出来，人们更加重视地方利益，乡里意识以及族群观念都比以往任何朝代更加突显。而其原因，则是经济发达的南宋，文人的集体意识空前强化，已经有了条件与坚硬的皇权对抗。

自汉武帝始，皇帝权力空前强化，秘书当政，超越内阁，组成内朝。皇帝任命的大将军，成了军队的最高指挥官。由此带来的危害是，宦官和外戚当权。不被信任的朝廷高官和地方权贵，不得不结党以对抗宦官和外戚。宦官独大之后，外戚谋求与党人结盟。

到了南宋，由于理学的崛起，理学家们自认为是儒家正统的代言人和守护者，是儒学新谱系的发明者和创造者，并有资格进入此谱系接受祭祀，与先圣一样，成为万世师表。因此，他们首次可以自信地反对皇帝和宦官，并占据道德制高点。高级文人官僚放弃普世价值，转而支持地方利益。在对抗中，文人群体的自我意识日益加强，自诩为清流及儒家文化的守卫者。他们将自己置于皇帝之上，并逐渐将权威性从财富与官职这些符号中抽离出来。

文人群体首次崛起，并分化和挑战皇权。主要表现在：有权谴责和赞美社会成员、接受地方官员勒石立碑、建立祠堂、出现在私人编撰的全国杰出人物传记里。从每个人做起，把儒家观念内化，提倡孝道，并自我完善。

小结｜代表文明正统的南宋

南宋时期，地方神祇获得朝廷赐封的机会越来越多，与前代相比，底层民众出身的神祇，在南宋有明显增加。以湖州为例，有宋一朝共增加地方性神祇 92 位，而出身低下者就有 12 位。

通过赐封地方性神祇，朝廷整合了民间信仰，即所有的民间信仰都通过赐封合法化，并得到官府的监控。而民间神祇也因为获得朝廷赐封，得到“圣化”。换言之，无论多么“灵验”的地方性神祇，得不到朝廷赐封，都归于“淫祠”一类，不能公开获得官府祭祀，也无法得到社会各界的捐赠，以整修祠庙和塑造金身。

地方权贵通过申报神祇，与社群建立深度联系，并获得社群拥护，从而获取社群领袖的身份；地方官府通过与地方权贵的合作，由此得到地方民众和社群的支持。皇权虽不下县，但通过文化共建，朝廷、地方官府与地方权贵，达成了建设地方社会的共识。

理学家们主办的书院，同地方祠庙的命运几乎是一样的。

这个新的文化空间，必须得到朝廷的认可，才能免于被打上类似于“淫祠”之类的印记，走向正统。事实上，在朱熹获得孝宗皇帝支持之前，理学家们一直广受诟病，一度被认为是“吃菜事魔”，被当成异类。只有主动被朝廷接纳，成为正统，朱熹之辈才可能让自己制定的祭祀谱系，进入国家祭祀的序列。

因此，发端于民间的空间生产，最终纳入国家管理之下，成为国家生产的一部分。

好事祇今归北圃，知音谁与醉东风

文明崇拜：军事征服与文化向往

迁都燕京之后，女真人就不再回头，哪怕最艰难的时候，也从没想过再回到故乡。…… 事实上，海陵王的浪漫和激进，截断了女真人的后路，当强敌崛起的时候，他们已经没有大本营和根据地可以栖身。

在相当漫长的历史时空里，中原王朝的威胁主要来自北面和西北，中原帝国权威的挑战者们主要是匈奴、吐蕃、党项、鲜卑。据说，西汉之所以定都长安，用意在于“天子戍边”。

崛起于北部草原的蒙古，不但横行欧亚大陆，还有机会成为正统中原王朝。

但自唐末始，东北成了中原王朝的主要威胁来源，王朝权威的挑战者分别是契丹、女真。与北宋对抗的契丹，灭亡北宋的女真与灭亡明朝的后金女真，都发迹于东北。当年弯弓射大雕、让整个世界都不得安宁的蒙古部落，也曾经臣服于住在东北的契丹人和女真人。

某种程度上可以说，东北地区是宋以后中原王朝的痈疽之痛，直到民国，一直威胁着中原的安宁。

向往南方的海陵王

北宋咸平五年（1002），19 岁的福建才子柳永来到杭州，一下子被这里的繁华征服了，湖山美好，市竞豪奢，一个词人可以在这里发掘无尽的诗意。

本来是要上京赶考，谋取前程，但年轻的柳永却再也挪不动脚步，他滞留杭州，终日听歌买笑。住了一年光景，杭州的烟柳画桥皆刻画于心，他一挥而就，写成了一首《望海潮·东南形胜》：

东南形胜，三吴都会，钱塘自古繁华。烟柳画桥，风帘翠幕，参差十万人家。云树绕堤沙，怒涛卷霜雪，天堑无涯。市列珠玑，户盈罗绮，竞豪奢。

重湖叠巘清嘉，有三秋桂子，十里荷花。羌管弄晴，菱歌泛夜，嬉嬉钓叟莲娃。千骑拥高牙，乘醉听箫鼓，吟赏烟霞。异日图将好景，归去凤池夸。

这首词不胫而走，而柳郎也自此天下闻名。谁也没有想到，一个远在东北的女真人，竟因为这首词，对杭州产生了仰慕之情。读毕柳词，他也填词一首：

停杯不举，停歌不发，等候银蟾出海。不知何处片云来，做许大、通天障碍。

虬髯捻断，星眸睁裂，唯恨剑锋不快。一挥截断紫云腰，仔细看、嫦娥体态。

他的名字叫完颜亮，世人俗称“海陵王”。

宋人罗大经写的《鹤林玉露》里说：“金主亮闻之，欣然有慕于三秋桂子、十里荷花，遂起投鞭渡江之志。”

1149 年，27 岁的完颜亮弑君称帝，距离柳永写此词，已经过去了 146 年。由于成了南宋的首都，杭州的繁华胜景，更胜当年。

日本学者堀敏一说："海陵王杀重臣夺王位，迁都燕京，欲建立起中国式的独裁君主制，同时改革官制，推进汉化政策。"

当时，金已经据有中国的北方22年，但女真人仍然喜欢他们的东北，当年袭劫汴京（开封），也只是掳掠而去。

海陵王的先祖们对治理城市毫无兴趣，对管理农业社会，也同样觉得过于麻烦——早期的征服王朝，都走过了这样的历程，蒙古人如此，契丹人如此，女真人同样如此，他们习惯于进攻、掳掠，然后回到故乡，去过自己习惯的生活。

但世事总是在变。正如日本学者堀敏一所说，北宋的北方领土于1127年落入金的手中后，区区百万女真人成了掌握权力的少数民族。除了在政治上和文化上向周围大约2000万汉人臣民妥协之外，他们别无选择。金朝于1137年采用了汉人历法，1138年建立了汉人的科举考试制度，1139年采用了汉人的朝廷礼仪制度，1140年祭孔并建立太庙。

1149年，海陵王篡夺了皇位，开始强制汉化。上任后即在各县建立孔庙，1150年，解除了对汉人服饰的禁令，1154年，采用了宋朝的货币制度。他力图建立一个"正统汉式王朝”。金世宗宣称：“我国家绌辽、宋主，据天下之正。”他的继承人金章宗和金宣宗继承了他的这个看法，并进一步提出金朝是中国王朝更替链条中顺应天命的一环。

汉化：军事上的征服与文化上的被征服

作为渔猎民族，四处抢掠足以维持其必要的生存。但当女真人建立了自己的国家，需要处理对内政务活动与外交事务的时候，就感到已有的民族经验远远不够用。

金朝立国之初，就重视文化教育。金太祖为自己取了汉文名字“旻”。金太宗时，开始兴学校，设科举，崇文养士，庠序日盛。海陵王天德三年（1151）设国子监于上京，置汉人国子学。世宗大定六年（1166），置汉人太学。大定十三年，始置女真国子学；二十八年，又置女真太学。

金在州县一级也办有学校，都设有孔庙。金熙宗的时候，建孔子庙于上京。汉化，从汉文化里汲取必要的治国经验，已经是女真人的唯一选择。

金天会三年（1125）二月，金灭辽，原来臣服于辽的高丽，马上遣使至金，但是却仍然观望，“不称臣，不纳供”。1126年，金又大败北宋，掠汴京，高丽王急忙召集大臣开会，决定向金称臣。“奉表称藩而不肯进誓表，累使要约，皆不得要领”。也就是说，高丽人虽然口头上说要称臣，但却不肯上表，不愿意从法理上正式履行仪式。金人多次催促，但是始终没有结果。金天会四年（1126），知制诰韩昉出访高丽国，“移督再三”。

相关史料记载说：

高丽征国中读书知今者，商榷辞旨，使酬答专对。凡涉旬乃始置对，谓昉曰：“小国事辽、宋二百年无誓表，未尝失藩臣礼。今事上国，当与事辽、宋同礼。而屡盟长乱，圣人所不与，必不敢用誓表。”

昉曰：“贵国必欲用礼，舜五载一巡狩，群后四朝。周六年五服一朝，又六年王乃时巡，诸侯各朝于方岳。今天子方事西狩，则贵国当从朝会矣。”

丽人无以对，乃曰：“徐议之。”

昉曰：“誓表朝会，一言决耳。”于是高丽乃进誓表如约，昉乃还。

这一段明白如话，不需赘叙。高丽人说，我们臣服了就可以了，不需要什么文字契约。但韩昉为了让对方上誓表，举了中原王朝管理天下的办法，高丽人无言以对，只得上誓表。

当军事不是唯一的选项，而外交粉墨登场的时候，新兴国家只能从成熟国家的经验中借鉴。外交如此，内政同样。

金朝的第三任皇帝完颜亶的老师，就是这位韩昉，他很小就跟随韩昉学习汉文经史，常常到皇家图书馆稽古殿研读中原典籍，还喜欢与他的老师等人一起“执射赋诗”。

天会十五年（1137）十一月，金熙宗废除大齐国，在汴京设立行尚书台，治理河南、陕西地区。颁布政令，对古今圣贤坟墓祠庙给予保护，不得加以损坏。

天眷二年（1139），金熙宗完颜亶仿照中原王朝，开始制定各种礼仪制度，政治上废除勃极烈制度，行辽、宋汉官制度，设立三师、三省，建立了以尚书省为核心的三省制，基本实现了汉化。

关于金熙宗完颜亶的汉化，《三朝北盟会编》有这样一段精彩的记载：

> 今金主完颜亶也，自童稚时，金人已得中原，得燕人韩昉及中国儒士教之。其亶之学也，虽不能明经博古，而稍解赋诗翰，雅歌儒服，分茶焚香，弈棋战象，徒祖宗之旧习耳。由是则与旧大功臣君臣之道殊不相合，渠视旧大功臣则曰："无知之辈也！"旧大功臣视渠则曰："宛然一汉家少年子也！"

用"汉家少年子"来称颂金朝皇帝，而对方却不以为忤，说明女真皇帝对"汉家"不但心向往之，而且具有明显的身份认同，以"汉家"而自傲。

而一个女真皇帝，竟然把国家的元老旧臣称为"无知夷狄"，可见女真内部的文化分裂，已经极其严重。

《三朝北盟会编》中记载说："（完颜亶）僭位以来，左右诸儒日进谄谀，教之宫室之壮，服御之美，妃嫔之盛，燕乐之侈，乘舆之贵，禁卫之严，礼仪之尊，府库之限，以尽中国为君之道。今亶出则清道警跸，入则端居九重，旧大功臣非惟道不相合，仍非时莫得见，瞻望墀阶，迥分霄壤矣。”也就是说，自金熙宗完颜亶始，金朝极力在政治制度、礼仪朝典、宫廷排场、服饰仪仗等方面向中原传统的汉族政权看齐。

《金史》卷四《熙宗本纪》载：（皇统元年二月）戊子，上（熙宗）亲祭孔子庙，北面再拜。退谓侍臣曰：“朕幼年游佚，不知志学，岁月逾迈，深以为悔。孔子虽无位，其道可尊，使万世景仰。大凡为善，不可不勉。”自是颇读《尚书》《论语》及《五代》《辽史》诸书，或以夜继焉。

金熙宗祭孔，表现得非常虔诚。《金史·文艺传序》说：“熙宗款谒先圣，北面如弟子礼。”

灭亡北宋，掳掠汴京之后，事实上金朝已经成了中原之主。但从中原之主的地理拥有概念到华夏正统的政治和文化拥有概念，正是在金熙宗时完成的。

《金史》卷四《熙宗本纪》载：（皇统八年）十一月……乙未，左丞相宗贤、左丞禀等言，州郡长吏当并用本国人。上（熙宗）曰：“四海之内，皆朕臣子，若分别待之，岂能致一。谚不云乎，‘疑人勿使，使人勿疑。’自今本国及诸色人，量才通用之。”在这段对话里，金熙宗已经明确地把自己定位为天下之主，“四海之内，皆朕臣子”，表明金朝已经不再有本民族与他民族之分，国家，乃天下人之国的理念，已经取代了国家乃女真人之国的理念。对金统治区域内的汉人、渤海人、契丹人及其他少数民族，一视同仁。

天会十四年（1136）八月，女真人开始讨论如何追赠祖宗谥号。

尚书令、太师完颜宗磐在呈皇帝的《追尊祖宗谥号议》中说：

> 伏以国家肇造区夏，四征弗庭，太祖武元皇帝受命拨乱，光启大业，太宗文烈皇帝继志卒伐，奋张皇威。原其积德累功，所由来者远矣。

“区夏”，指传统诸夏之地，即中国。《周书·周官》这样解释“四征弗庭”：“四征弗庭，绥厥兆民。”孔颖达疏：“四征，从京师而四面征也。”意即从京师出发，去征讨那些敢于不来朝贡的“夷狄”。这说明女真人已经以正统中原王朝自居、以华夏正统自命了。

在另两篇同类性质的文章中，完颜宗弼即我们所熟知的金兀术，将金太祖与商汤王、周武王、汉高祖、汉光武帝相提并论，认为前者可以“与汤、武比隆，过高、光远甚”，赞扬金太祖“肇启皇图，传序正统”，“拯世利民，底宁区夏”。后一篇进而将金朝的“列圣”与中国上古帝王相提并论，认为他们使传统中原王朝的“大宝终归于正统，此又比之唐虞，尤为尽善”。

金熙宗死后，海陵王即位。海陵王的老师名叫张用直，同样是汉儒。《金史》载：“张用直……少以学行称。辽王宗干闻之，延置门下，海陵与其兄充皆从之学。”

海陵王自己曾经对他的这位老师说：“朕虽不能博通经史，亦粗有所闻，皆卿平昔辅导之力。太子方就学，宜善导之。朕父子并受卿学，亦儒者之荣也。”

海陵王是一位优秀的诗人，评论家称其诗作“笔力雄健，气象恢宏”。且看他的一首《咏竹》：

孤驿潇潇竹一丛，不同凡卉媚春风。

我心真与君相似，只待云梢拂碧空。

一句“只待云梢拂碧空”确然皇家气象，等闲人没有这等胸怀。

另一首《书壁述怀》，亦豪迈异常，即使汉家天子，也少有这样的大抱负、大志向。

蛟龙潜匿隐苍波，且与虾蟆做混合。
等待一朝头角就，撼摇霹雳震山河。

不只是“以诗言志”，海陵王的写景诗，亦用词清丽，其意不俗。

门掩黄昏染绿苔，那回踪迹半尘埃。
空亭日暮乌争噪，幽径草深人未来。
数仞假山当户牖，一池春水绕楼台。
繁花不识兴亡地，犹倚栏杆次第开。

末尾一句“繁花不识兴亡地，犹倚栏杆次第开”，是李商隐“商女不知亡国恨，隔江犹唱后庭花”的仿句，但心裁别出，语意清新。海陵王胸中自有丘壑，中原的一些大诗人，也未必能与之相比。

试看其《咏岩桂》一诗：

绿叶枝头金缕装，秋深自有别般香。
一朝扬汝名天下，也学君王著赭黄。

后一句，虽写花卉，但足显其心，东北一隅，不足以载其大志。这样的一位少数民族君王，对江南富丽心向往之，对中华文明孜孜以学之。而在他的诗歌中，也确实看得出其明显的地理路径、文化路径追求。

对于中华文明，他有自己的理解，并且以中华文明的正统自居，在《题画》诗中，他如是写道：

万里车书何混同，江南岂有别疆封。
提兵百万西湖上，立马吴山第一峰。

在他的眼里，南宋与金朝，从文化上并没有什么不同，因此，在诗里引用杜甫《题桃树》诗：“寡妻群盗非今日，天下车书已一家。”又化出自己的新句，表达了文化混同、彼此无别的认知。

海陵王有一首名词——《念奴娇·雪》，读之确有文化混同、彼此无分的感觉。

天丁震怒，掀翻银海，散乱珠箔。六出奇花飞滚滚，平填了，山中丘壑。皓虎癫狂，素麟猖獗，掣断真珠索。飞龙酣战，鳞甲满天飘落。

谁念万里关山，征夫僵立，缟带占旗脚。色映戈矛，光摇剑戟，杀气横戎幕。貔虎豪雄，偏裨真勇，非与谈兵略。须拼一醉，看取碧空寥落。

此词有将军掀翻银海的冲天之勇，有帝王驭飞龙酣战、执掌天下的霸气。

海陵王即位后，继续完成金朝华夏正统的塑造。

完颜亮不但是一个像金熙宗那样熟读中国经史、向慕中国礼乐文化的汉化程度很深的女真皇室子弟，而且还是一个比金熙宗志向更远大、一心一意要由金王朝来统一全中国的政治活动家。

中国社会科学院文学研究所研究员刘扬忠认为，完颜亮自幼接受了很深的华夏文化教育，执政以后又产生了讨平南宋、实现中国大一统的政治理想，这两方面的因素相结合，遂使他萌生了为自己争一个“中国人”身份和为金朝争华夏正统的想法。

《三朝北盟会编》卷二百四十二引张棣《正隆事迹记》记载：（完颜）亮以渐染中国之风，颇有意于书史。一日，读《晋书》，至《苻坚传》，废卷失声而叹曰：“雄伟如此，秉史笔者不以正统帝纪归之，而以列传第之，悲夫！”又一日，与翰林承旨完颜宗秀、左参知政事蔡松年语曰：“朕每读《鲁论》，至于‘夷狄虽有君，不如诸夏之亡也’，朕窃恶之。岂非渠以南北之区分、同类之比周，而贵彼贱我也。”

完颜亮十分耻于“夷狄”的身份，得中原而居东北，金朝则自然是“夷狄”了，而向中原进发，向南方进发，不但从文化上告别“夷狄”，而且在地域上和生活方式上告别“夷狄”，成为海陵王的人生追求——迁都燕京（今北京），是海陵王告别“夷狄”的重要文化仪式。

金为中华正朔，不但并非“夷狄”，而且还是中国唯一的君主，这并不是女真人的一厢情愿——宋金两国的和约中，明确了两国的关系：宋对金称臣，宋君主接受金的册封。

皇统二年（宋绍兴十二年）三月丙辰，金朝“遣左宣徽使刘筈以衮冕圭册册宋康王为帝”，四月丙寅，“以臣宋告中外”，五月乙卯，“赐宋誓诏”。

金对南宋的册封，《金史·熙宗纪》里有记载，《刘筈传》和《宗弼传》中，同样有记载。《刘筈传》里记载说：

> 皇统二年，充江南封册使，假中书侍郎。既至临安，而宋人榜其居曰“行宫”。曰：“未受命，而名行宫，非也。”请去榜而后行礼。宋人惊服其有识，欲厚贿说之，奉金珠三十余万，而筈不之顾。皆叹曰：“大国有人也。”

按照当时的宋金关系，金只承认赵构是“康王”，所居不能称之为“行宫”。所以，金朝的使臣要求南宋把“行宫”的名称改掉，才肯开始册封礼。

《金史·宗弼传》同时证明了这件事的存在：

> 宗弼进拜太傅。乃遣左宣徽使刘筈使宋，以衮冕圭宝佩璲玉册册康王为宋帝。

册封文字是这样说的：

> 皇帝若曰：咨尔宋康王赵构。不吊，天降丧于尔邦，亟渎齐盟，自贻颠覆，俾尔越在江表。用勤我师旅，盖十有八年于兹。朕用震悼，斯民其何罪。今天其悔祸，诞诱尔衷，封奏狎至，愿身列于藩辅。今遣光禄大夫、左宣徽使刘筈等持节册命尔为帝，国号宋，世服臣职，永为屏翰。呜呼钦哉，其恭听朕命。

南宋史学家李心传在《建炎以来系年要录》里也有相应的记载：

> 大金贺正旦使，副，左金吾卫上将军，右宣徽使完颜晔，秘书少监马谔见于紫宸殿……故事，北使跪进书殿下。自通好后，金使每入见，捧书升殿跪进，上起立受书，以授内侍。金使道其主语，问上起居。上复问其主毕，乃坐。

樊文礼先生认为，从“北使跪进书殿下”，到“捧书升殿跪进，上起立受书”，这是一个质的变化，它反映了南宋沦为金臣下之国的情况。李心传在记录这条材料时加了按语，云：“进书之仪，大略如此，故掇取附见，以补史阙。若遂略而不书，则后世将谓有不可书者，故当记其实也。”

也就是说，从两国的关系上看，当时南宋已经是金的属国，与高丽的身份是一样的。

这也意味着女真皇帝们对自己的身份，必须重新考虑——只是一国之君，还是同时负起中华文明守护者的责任？

迁都燕京：投入中原的怀抱

海陵王决心迁都。

理想的城市是燕京——一方面更向中原靠近，另一方面也更容易充当进军杭州的桥头堡。海陵王的终极理想，并不是都燕京，而是都杭州。

除了为理想而迁都，事实上，海陵王也还有其他不得不迁都的理由。

人口少的强国征服世界的过程，无疑是强国力量减弱和崩溃的过程。古罗马的状况也与金朝非常相似，当占领区越来越多，需要的战士已经不够的时候，本国就会渐渐空虚，无力控制业已征服的世界。经过 30 余年的快速扩张，太多的猛安谋克被派往占领区，金控制“内地”的力量，也在逐渐减弱。这时的金上京，很像西汉的长安，虽然战略位置重要，但随着都城人口快速膨胀，通过狭窄的运输通道从中原运往都城的费用，已经非常高昂。同时，金的战略重心向南推进，对北部边疆的控制能力大大下降，不得不做出战略上的转变：放弃北部边疆，以避免与北方边境上的鞑靼发生冲突。

迁都，也要有“故事”，于是，海陵王自编自演，借种莲花之事提出了迁都的设想：

天德二年（1150），完颜亮在宫中宴请群臣。与其他北方民族一样，女真人也善饮，大家喝得非常高兴，海陵王突然发问：“朕栽莲二百本而俱死，何也？”右丞相梁汉臣回答说：“自古江南为橘，江北为枳，非种者不能，盖地势然也。上都地寒，唯燕京地暖，可栽莲。”海陵王诏曰：“依卿所言，择日而迁。”

只因“燕京地暖，可栽莲”就要迁都，可见海陵王的任性，但事实上，这不过是一个借口而已。正如《金史·梁襄传》所述：“燕都地处雄要，北倚山险，南压区夏，若坐堂隍，俯视庭宇，本地所生，人马勇劲，亡辽虽小，止以得燕故能控制南北，坐致宋币。”

天德三年（1151）四月，海陵王下诏迁都燕京，有人建议按汉人所遵奉的阴阳五行原则来营建新都。海陵王说："国家吉凶在德不在地。使桀、纣居之，虽卜善地何益。使尧舜居之，何用卜为。"

贞元元年（1153），完颜亮从上京会宁府（今黑龙江省阿城）正式迁都燕京（今北京），并将其定名为中都大兴府。海陵王坚决提出设立"两京制"，即原有旧都不废，"两京一体，保世于万年"。

但言犹在耳，海陵王就拆毁旧都，仅为强调他对燕京城市规划的喜好，他就下令拆毁了上京的旧宫殿。正隆二年（1157）十月，海陵王"命令会宁府毁旧宫殿，诸大族第宅及储庆寺，仍夷其址而耕种之"。

为了迁都燕京，女真人付出了惨重的代价：海陵王诛灭了太宗子孙 70 余人，继而又诛灭了宗翰子孙 30 余人，对其他宗室子孙 70 余人也全部诛灭。

据杨宽先生研究，燕京城周围三十六里，高三丈，宽一丈五尺，有敌楼、战橹。共有八门，东为安东、迎春，南为开阳、丹凤，西为显西、清晋，北为通天、拱宸。大内在全城西南隅。杨宽先生认为，海陵王营建的燕京，沿用唐代幽州的格局。而子城设于外郭城西南隅的格局，沿用的是战国时代燕国建都于蓟的传统的制度。特别需要指出的是，金本无宗庙，到建设中都时，才在千步廊之东建设太庙，标名为衍庆宫（《日下旧闻考》卷二九引《金图经》）。

小结 | 一路汉化不回头的金朝

金兵初进中原，谩骂孔子，放火烧毁孔庙。及至熙宗，就开始尊孔，在上京立孔庙，亲自拜祭。金世宗更加尊孔崇儒，甚至规定不懂儒学，就不能继承猛安、谋克等贵族身份。

迁都燕京之后，女真人就不再回头，哪怕最艰难的时候，也从没想过再回到故乡。

蒙古崛起，燕京曾遭血洗，几乎成了一座空城，大街上到处是滑溜溜的人油。但女真人选择了向西迁徙，以北宋故都开封为新都，直到被蒙古、南宋联手所灭。

事实上，海陵王的浪漫和激进，截断了女真人的后路，当强敌崛起的时候，他们已经没有大本营和根据地可以栖身。几百年后，女真人再度崛起，海陵王们的后人从先人的身上吸取了教训，始终不忘经营故乡，遇到重大挫折的时候，就思谋回到故乡，像蒙古人一样，回到祖宗故地。

因为隋炀帝征高丽，因为海陵王向往南方，种种原因，北京从一座边城，华丽转身成了王朝的首都，并在以后的数个朝代，成为都城的首选。

我欲倚栏吹铁笛，恐惊潭底久潜龙

在水一方：都城与流水的不解之缘

忽必烈定都大都，不过是为了“做中华君，行中华事”，只有都城在中华的原有版图上，而不是遥远的草原，他才可能名正言顺地统治中华，像李世民一样，同时做游牧民族的“大汗”和农耕民族的“皇帝”。

浪漫的海陵王向往繁华的杭州，所以，他力主在交通更为便利的燕京建筑了挺进南方的桥头堡。而忽必烈显然更务实，他要同时统摄草原和中原，要同时兼顾游牧和农耕两种生活方式。

忽心烈不满足于当蒙古人的大汗，也不满足于当中原的皇帝，他同时是大汗和皇帝，是天下共主。因此，选择燕京当都城，对于他来说，只是因为这里更适合“两京制”，适合他带着王公贵族们在两个都城之间来回迁徙。终其一生，他都在开平（元上都）与大都之间来回往返，冬则大都，夏则开平。

忽必烈的转身：从草原到农耕

蒙古人采取分封制，成吉思汗的四个儿子分别获得了四个方位的疆土——尽管有很多疆土是有主的，并没有向蒙古人臣服，比如位于欧洲的罗斯，但他们仍然事先分配了下去，然后才开始出兵征服。

根据蒙古人的习俗，最小的儿子“守灶”，所以，拖雷获得了以哈剌和林为中心的蒙古本土。对于黄金家族来说，分封制的好处，是在忽里台大会的保障下，可以实现相对的团结，以免发生兄弟阋墙的情况；坏处则是，一旦忽里台大会不能保证其公正性，则更大的分裂就会削弱蒙古人的统治。

事实上，蒙哥即汗位的忽里台大会，就没有在蒙古人的传统领地内进行，而是在蒙古本土以外靠近罗斯的地方，其合法性与窝阔台就任大汗时相比已经受到了严重侵害。蒙哥死后，忽必烈和弟弟阿里不哥相继召开不同的蒙古贵族参加的忽里台大会，又相继被承认为蒙古大汗，严重挑战了蒙古汗位继承的严肃性，也让通过忽里台大会产生首脑的方式受到质疑——蒙古人尤其是黄金家族已经从内部开始分裂，忽里台大会推举首脑的合法性已经不存在。

虽然忽必烈通过武力让弟弟阿里不哥臣服了，但忽里台大会这一传统的蒙古人推举首脑的方式，也走到了尽头——忽必烈继位后，从根本上否决了这一制度，像以往的中原统治者一样，在活着的时候，就为国家准备了储君。也正是从忽必烈开始，从政治制度到统治习惯，华夏文化和儒家文化都在向蒙古人的内部渗透。

青年时代的忽必烈在蒙古贵族中一向默默无闻。直到 36 岁，才第一次获得一个建功立业的机会。此前，他一直在母亲唆鲁禾帖尼的羽翼下，学习各种知识。也许正因为这样，他与其他从青少年时期就四处征战的蒙古贵族有着很大的不同——不用逐水草而走，听大汗令而战，所以他更喜欢定居。除了听从母亲的话，精通马术和射箭外，有远见的母亲还让忽必烈掌握了一定的文化知识，并聘用了一名叫脱罗出的畏兀儿人教他读写蒙文。定居为他带来的好处是，很可能在这一时期，他已经能够粗略地听得懂汉语。

在忽必烈的母亲获得中原的封地不久，1236 年，窝阔台也赐给忽必烈一块有万户人口的封地，地点在河北邢州。

如果没有忽必烈，元朝在其蒙古本土和中国的统治，或许将会是另一种样子——至少，像忽必烈的哥哥蒙哥和他的弟弟阿里不哥那样，会仍然把游牧当成蒙古人的主流生活方式，对定居社会的破坏，会一直成为蒙古人的政策。但随着唆鲁禾帖尼和忽必烈的到来，中原定居社会与游牧社会的关系开始改变——尽管在蒙古建国之初，来自金国的儒者耶律楚材就明确告诉蒙古人，光靠牧民的收入和在中原地区的掠夺无法满足蒙古人的需求，必须高度重视农业定居社会并通过向农民征税的办法，来证明发达的农业定居社会，可以为蒙古人创造更多的价值。但毕竟耶律楚材不是蒙古贵族，对蒙古决策者的影响，远比不上后来成为元朝皇帝的忽必烈。

从一小块封地开始，练习如何管理农民，积累统治经验，加深对农业定居社会的了解，忽必烈与定居社会的关系，在不知不觉间悄悄建立。

然而，忽必烈刚一开始的尝试失败了。毕竟，统治农民和管理定居社会，对他而言是个全新的事物。远在中原的封地对他来说是完全陌生的，那块封地到底在哪里？种麦还是粟？税收的比例多少合适？水涝、天旱遭遇农业歉收后，农民的积极性如何调动？救济方法都有哪些？住在帐篷里每天喝酒吃肉的忽必烈对这些全然不知。

他最初的管理方法粗糙而简单——雇用税务管理人员替他收税。自成吉思汗开始，蒙古人就用这一套办法来管理新占领的地区，而与他们合作的，都是善于经营的畏兀儿人——借由此事也可以看出，蒙古人与色目人的关系之所以亲近，是因为他们之间的合作开始得非常之早。很显然，这个方法不适用于中原地区，税务管理人员希望尽可能多地征税，竭泽而渔，而不是考虑其延续性，过重的负担很快让他封地上的农民都逃跑了——这就是农业定居社会的问题所在，一旦农民逃离，没有人耕作土地，则意味着无论多么肥沃的土地都不会有任何收益。或者说，如果没有人去管理农田，拥有多少土地都是没有意义的。很快，远在哈剌和林的忽必烈就感受到了封地上的变化——税收越来越少了，最后几近于无。可靠的统计数据说明，他封地上的 1 万户农民，绝大多数选择了逃跑，丰沃的土地成了荒地。

《元史·世祖本纪》记载：辛亥年（1251）邢州有两答剌罕言于帝曰："邢，吾分地也；受封之初，民万余户，今日减月削，才五七百户耳。宜选良吏抚循之。"

当时，刘秉忠已入幕府，和邢州人张文谦一起向忽必烈建议说："今民生困敝，莫邢为甚。救焚拯溺，宜不可缓。盍择人往治，要其成效，俾四方诸侯，取法于我，则天下均受赐矣！"大略的意思是，现在老百姓的日子不好过，没有比邢州那地方更严重的了。打个比方，老百姓真的在水深火热中了，得快点想办法改变状况。最好的办法是派人去治理，然后要有实际的成效，让其他的地方也效仿我们来管理农民，那么天下的老百姓就都受到您的恩惠了。

忽必烈采纳了他们的意见，任命脱兀脱及张耕为邢州安抚使，刘肃为商榷使。《元史·张文谦传》记载："协心为治，洗涤蠹敝，革去贪暴，流亡复归，不期月，户口十倍。由是世祖益重儒士，任之以政"

也就是说，这些以汉人为主的管理团队团结协作，共同革除过去的管理弊病，不久，逃跑的农民就又回到原来的土地上，不到一个月，户口数增加了10倍。从这以后，忽必烈更加看重儒士，让他们来管理重要事务。任命越来越多的汉族幕僚用中原人民所习惯的方法来统治和管理封地，此后成了他所采取的措施之一。

“汉人”忽必烈：重用儒士的草原管理者

邢州发生了一些改变，但毁坏美好田园所需要的时间，远比建设起来所花费的时间要少。后来忽必烈的名声在这一地区渐渐变好，漫长的十年时间，人们慢慢地回到这块土地上。

也许，这给了忽必烈一些启示：对于中原地区，蒙古本土的统治方法是无效的；同时，民众的承受力是有限的。或许还有另外一重启示，失去民心容易，但要重新获得民心则需要漫长的努力。

可能正是从这里开始，他发现自己需要懂得汉人，懂得中原。他有意识地开始招募汉人和儒士们。随着他在蒙古汗国的地位越来越重要，他组建了自己的以汉人和来自辽、金的儒家知识分子为主的幕僚团队——金莲川幕府。

1242年，忽必烈把佛教高僧海云法师召到他的领地，请教佛法大要。但海云法师却告诉他，尊贤使能，尊主庇民，才是佛法之要。很难说清法师为何要对忽必烈说这番话——毕竟，当时的忽必烈在蒙古贵族中并无显名，已届中年，尚无寸功。但法师建议忽必烈多结识“天下大贤硕儒”，通过向他们学习，来了解“古今治乱兴亡”之道。

这些记述的可靠性有多少，我们很难辨析。因为这是帝王们执政合法性的另一种确立方式——神示，即通过那些不凡的人所给予的暗示和帮助，表示某人即皇帝位是上天的指示。

海云此行对忽必烈的另一重要影响是，给他留下了自己的弟子刘秉忠。也正是此人，后来帮忽必烈设计了开平和大都。

刘秉忠还是一位出色的书画家，一位才华横溢的诗人。忽必烈对书画艺术的兴趣，也许正是受了他的影响——蒙古贵族对传统中国书画的兴趣与日俱增。至于他还是一位天文学家的记述，则更令人惊诧。据说他和其他一些学者合作，设计了属于蒙古人的精确异常的历法。刘秉忠还在政治方面对忽必烈施加影响：他曾写了长达万字的谏言，希望忽必烈培养和保护儒士，同时建议采取固定税率，建立法制，以免加重汉地属民的负担。

刘秉忠对于忽必烈而言，无疑是极其重要的。忽必烈一些重要谋士，即所谓的邢州集团，包括张文谦、李德辉、刘肃、李简、张耕、马亨、王恂、刘秉恕等，都是由他推荐而来。

崇尚程朱理学的儒者赵璧、窦默、姚枢、杨惟中、许衡、赵复，也先后被忽必烈所重用。

忽必烈给赵璧以优厚的待遇，为表示对赵璧的尊重，称呼赵璧为“秀才”，而不是像别人那样直呼其名。忽必烈还让自己的妻子，即未来的察必皇后，亲自给赵璧缝制蒙古袍，做好后，忽必烈让赵璧试穿，有不合适的地方，还叫察必一一修改。忽必烈那时就令蒙古学生十人，跟从赵璧学习儒书。他让赵璧译《大学衍义》为蒙古文，时时听赵璧讲述。

近朱者赤，越来越多的儒士来到身边，越来越多的儒家之言进入肺腑，让忽必烈对儒学产生了浓厚的兴趣：有一次，他听翰林学士王思廉讲《资治通鉴》，当讲到唐太宗要杀魏徵，长孙皇后进谏劝阻时，忽必烈马上让人把王思廉请到后宫，给后妃们再讲解一遍。也许，学习帝王的统治之道才是忽必烈热爱儒学的真正目的，但不管怎么说，儒家学说和儒士已经像蒙古烈酒一样，成了他离不开的东西。1253年，哥哥给了他一块新的中原封地。据说蒙哥让他从两块封地之间选一块，一块在河南，一块在陕西，而忽必烈选择了陕西——虽然那里人口稀少，但土地肥沃。事实上，这块由他的儒士幕僚们帮助决定所得的封地，在他后来获取汗位时，也发挥了重要的作用。

忽必烈用中原传统儒家的统治方法有意识地治理汉地，并在陕西进行了有益尝试："奏割河东解州盐池以供军食，立从宜府于京兆，屯田凤翔，募民受盐入粟，转漕嘉陵。夏，遣王府尚书姚枢立京兆宣抚司，以布琳及杨惟中为使，关陇大治。……甲寅（1254）……六月，以廉希宪为关西道宣抚使，姚枢为劝农使。"

受命治理京兆的，仍然是金莲川幕府的汉人及儒士。

值得一提的是当时只有20岁的畏兀儿人廉希宪，被任命为关西路（在京兆地区）的宣抚使。廉希宪自小接受儒家教育，熟读经书，深谙儒家的治国之策，有“廉孟子”之称。19 岁时入侍忽必烈王府，“笃好经史，手不释卷”，忽必烈很赏识他。所以，他年纪轻轻就被委以重任。

作为一名儒家知识分子，廉希宪不可能建议只是大汗之弟的忽必烈制定整体的儒家治国之策，但仿照孔子，把教育放在首位，是他的责任。上任之始，他就聘请名儒许衡负责当地的学校事务，同时选拔有才能的学者进入政府部门做官。廉希宪还十分注重保护儒家知识分子的利益，他下命令把儒士登记造册，以防止他们被虐待。

蒙哥并不清楚忽必烈为什么选择了人口稀少的关西作为封地，以为是他太过谦让，所以，心里有些歉意，就再次把河南怀孟的一块土地封给他。忽必烈在他的新封地同样设立了宣抚司，像京兆一样进行管理。《元史》记载：壬子“帝言之宪宗，立经略司于汴，以莽格、史天泽、杨惟中、赵璧为使，陈纪、杨果为参议，俾屯田唐、邓等州，授之兵、牛，敌至则御，敌去则耕，仍置屯田万户于邓，完城以备之”。

忽必烈听从幕僚的建议，在自己的封地上发行纸币，发展商业，实行德治、仁政，同时设置监察官员，对以权乱法者予以严惩。

两地的大治，为忽必烈赢得了良好的口碑，但同时也为他在一部分蒙古贵族中树敌，在他们看来，忽必烈已经快成为一个汉人了！

“贤者”忽必烈：中华文明的守护者

1252年，37岁的忽必烈第一次在蒙古人的战争事务中获得重要委任：蒙哥效法成吉思汗“假道南宋，包抄开封灭金”战略，决定远征大理，对南宋实行战略包围。

征伐的路上，忽必烈的幕僚们不断向他灌输做一个仁义统治者的概念，《元史》中说：壬子年（1252），忽必烈率军征大理，至曲先脑儿之地，夜宴，姚枢给忽必烈讲宋太祖遣曹彬伐南唐时，不杀一人、市不易肆事。次日阅兵时，忽必烈据马鞍对姚枢大呼：“你昨晚讲曹彬不杀人之事，我能做到，我一定能做到！”后来，忽必烈在青海日月山召见儒士徐世隆，又问及出征事。徐世隆对忽必烈说：“孟子有言：‘不嗜杀人者能一之。’想统一天下，不嗜杀人，天下才可定，何况是出征西南一个小国！”

这一段史书所载，明白如话，基本不需要翻译。无论中外写史者，都记下了忽必烈马上对姚枢所说的坚定话语：吾能为之，吾能为之！

美国学者莫里斯·罗沙比在他的《忽必烈和他的世界帝国》一书中说："忽必烈军至大理城，即命姚枢裂帛为旗，书止杀之令，分号街陌，由此大理民众得以保全性命。在这以前蒙古军每攻克一地往往要进行屠城，肆意烧杀抢掠。"

大理人虽然早闻蒙古人的嗜杀本性，但仍然选择了反抗。忽必烈派遣三个使臣，要求大理无条件投降，但这几个使臣遗憾地被大理人处决。莫里斯·罗沙比说："杀戮使臣是外交犯罪中最为严重的一种，是确保全面进攻的当众耳光，而随之而来的恐怖则是尽人皆知的。"这样的境遇，早在中亚就已经发生过，蒙古人认为斩杀使节是非常严重的暴力行为，不屠城不足以震慑敌人的凶残。但显然忽必烈克制住了自己，选择了另一条道路。大理城没有遭到屠杀，实现了他的仁义主张。蒙古人在遭到反抗和被杀使节后第一次这么做。

1256 年，蒙哥制定攻南宋的计划。1257 年春，"诏诸王出师征宋”。蒙哥亲率一个军团，仍然从六盘山出发，进军四川。这次，忽必烈得到的任务是渡过淮河从正面进攻。相关史料仍然没有忘记为忽必烈记下他的仁慈。伐宋的路上，张文谦与刘秉忠皆言“王者之师，有征无战，当一视同仁不可嗜杀”。忽必烈说“我与卿等一定遵守此言”。到了南宋境内，忽必烈命令诸将不要妄杀，不许“焚人室庐”。

1260 年，忽必烈继汗位，不像他的祖父及哥哥那样，只是拥有汗位，而是听从刘秉忠、徐世隆等人所说的“陛下帝中国，当行中国事”的建言，第一次像中原王朝那样确立年号“中统”，并下诏书，表达自己的“施政纲领”。其内容引述和翻译起来都比较复杂，普通读者完全可以忽略，所以，在此不需多言，其表述的总体意思是“发政施仁”，已经与汉人皇帝的施政纲领无甚差别。也就是说，蒙古人忽必烈已经把自己当成了中华文明的守护者，在建政之初，就用儒家的传统治理模式来进行统治。

忽必烈设立了中书省，其负责人中书省平章政事王文统、赵璧，都是汉人。紧接着组建了侍卫亲军，统领侍卫亲军的董文炳，是跟随他出生入死的亲信，也是汉人。

忽必烈在军事上依靠蒙古贵族，在政治上依靠汉人包括后来的南人和儒家知识分子，在经济上，则依靠有经营头脑的畏兀儿人。

在水一方：元大都的空间生产

元大都曾经是一座流水汤汤的城市，这在今天已经不可想象。

元大都的城市建设模型是宋的汴京，引水入城，依靠水运来满足城市的生活需要，让商业紧邻水上通道而发展，是规划和建设者的初衷。

设计者以离宫（大宁宫）的湖泊地带作为全城的中心，把宫城放置在太液池以东地区，选定中心台在太液池上游，主要是想依靠丰沛的水源来解决漕运的困难，以维持都城的生活需要。

考古学家徐苹芳先生认为：元大都是由宫城、皇城、外郭城套合组成的重城式布局；采用开放式街巷制街道规划，纵横九条主干大街；官署布局从分散到比较集中；市场在宫城之北；太庙、社稷坛分居宫城左右。所有这些设置符合《周礼·考工记》“九经九纬”“面朝后市”“左祖右社”的规定。也就是说，在都城的空间生产方面，元大都主要是对开封进行模仿。

尽管如此，元大都也仍然有属于自己的创新。杨宽先生认为，在都城的设计建设中，建立中心台，作为全城中心点的标记，是元大都首创的。中心台确定以后，全城南北向的中轴线，就可以向两侧平缓延展，并在中轴线的两边，安排各类政府机构。

元大都的新城址比金中都地势要高，好处是可以减轻永定河水泛滥冲决带来的威胁，有利于城市排水。坏处则是，高梁河水进入地势较高的积水潭，并满足漕运需求，变得比以往困难许多。元代把北京城的城址从莲花池水系转移到高梁河水系，主要是因为高梁河水量更加丰沛，有足够的水源供应。

水，并不是当时城市生活需要的重要元素，而水是运输的重要介质。没有水上运输，大都城的粮食安全就难以保证，生活所需，也要付出更多的代价。元大都的设计规划者从城市的生活需要出发，把城中心设定在积水潭一带，就是要在这里建造装卸货物的码头，通过水运来满足城市的消费需求。

元初时的积水潭是高梁河上一个较大的湖泊，其浩大之相，已非今人所能想象。要在这里建设水运中心，需要先把积水潭的水引向东南，与金代所开的闸河接通。金代建设的闸河，也是从高梁河中游引水，沿渠筑闸截水，送达城内。

由于新城址的地势升高，想把高梁河的水顺利引入城内，在元初，这是一个需要很高智慧的水利工程——在当时，人们称这项技术为“跨河跳槽”。元大都的金水河，也是运用“跨河跳槽”技术，从高梁河引水至内城，不但供给宫中用水，还点缀了宫中风景。但很快，高梁河的水源就显得不够用了，不能把大船顺利送达城内。

为了增加水源，进一步疏通航运，都水监郭守敬于至元二十八年（1291）提出开凿新闸河的规划，次年春动工，到至元三十年秋凿成。新闸河接通旧闸河，到通州入白河，命名为通惠河。自此，积水潭水量丰沛，成为大都城中水上交通中心。至元三十年秋建成时，元世祖从上都夏宫归来，过积水潭，“见舳舻蔽水，大悦”。

运输是经济发展的决定因素之一，通惠河开通后，不但漕运可以直达积水潭，其他各类船只也往大都运来了稀奇古怪的日用商品，城市商业就近发展起来，所以，积水潭东北的城中心区，像如今的烟袋斜街一带，就成了当时商业最发达的地区。

元代的李洧孙在他的《大都赋》中说：“凿会通之河，而川陕豪商、吴楚大贾，飞帆一苇，径抵辇下。……往适其市，则征宽于关，旅悦于途。”

而一向对中国盛赞有加，走到哪儿都一路惊叹的马可·波罗，对元大都更是崇拜不已，在他的那本著名的游记中写道：“街道甚直，此端可见彼端，盖其布置，使此门可由街道远望彼门也。城中有壮丽宫殿，复有美丽邸舍甚多。各大街皆有种种商店屋舍。全城中划地为方形，划线整齐，建筑屋舍。每方足以建筑大屋，连同庭院园囿而有余。以方地赐给各部落首领，每首领各有其赐地。方地周围皆是美丽道路，行人由斯往来。全城地面规划有如棋盘，其美善未可言宣。”

元朝的商业经济发达，或许与其低税政策有关，有资料记载说，虽然元朝统治者非常重视收税，但除了酒醋之外，像鱼虾、药、果这些普通商品，还有像书画、藁席、草鞋、筱帚、砖瓦、柴炭、诸色灯、铜、铁、线、麻线、苎绵、草索、面货等，这些居民日常生活用品和文化用品，都可以不上税。

除了行政规划之外，根据商业需求而生产的各类商业空间，在元代亦有许多。

比如针市。北方四季分明，冬季需要棉衣，夏季需要单衣，秋季和春季也需要厚薄不等的衣服，因此，手工缝纫业发展起来，成立专门的“针市”，这在北宋的开封和南宋的临安都是没有的。

比如人市。元朝统治初期，仍然存在着人口买卖行为。人市与牲畜市一样，附近设有酒楼，买卖双方边喝边谈，商谈好价格再签订契约。

在南城，还有娼妓市场，据马可·波罗所记，从业妇女约 2 万人，统治者不许她们住在城内，她们只能大量聚集在城外。

顺便，来说一说北京“南穷”的由来。

元大都西南，就是金中都的旧城，虽然破城时惨遭蹂躏，房屋损毁严重，但元朝建都时，在其旧址上，人口有所增加，称为南城。以积水潭为中心的新城，就被称为北城。

大都新城建成之时，也像北宋一样，给普通百姓留出了建房的空间，由于空间有限，朝廷做出了明文规定：旧城居民要迁往新城的，“以赀高及居职者为先”，也就是说，要有一定的经济实力，要有正经工作。当时，每个要求在城内建房的人，朝廷会给一块土地，但“力不能作室者”不得冒据。

也就是说，贫穷的南城人民，被剥夺了进入新城的权利。约 2 万娼妓不得入城居住，也被迫住在南城。明清以北京为都时，虽然积水潭不再是城市的经济中心，但北城也没有向南城扩张，两城的阶级对立，也没有缓和。直到新中国成立之初，类似“龙须沟”一样又脏又臭的居住环境，仍然是南城的基本状况。

元大都商业繁荣，因此“幌子”这种新鲜的广告标识，也可算为一种新的空间生产——今天北京的一些老字号，仍然沿用这种方法，不过今人多不知这些符号背后的商业含义。

专治儿科的大夫，“门首以木刻板作小儿，儿在锦棚中若方相模样为标榜”。那时没有妇科和产科，接生孩子的叫稳婆，一般都是世代相传，“门首以大红纸糊篾筐大鞋一双为记。专治妇人胎前产后以应病症，并有通血之药”。

因为临近草原，进入大都的马匹较多，专门给马看病的医馆，也有专门的标记：“医兽之家，门首地位上以大木刻作壶瓶状……灌药之所，门之前画大马为记”。

蒙古人善饮，大都饮酒之风亦烈，“酒槽坊，门首多画四公子：春申君、孟尝君、平原君、信陵君”。

很快，元大都成为中国最繁华的城市之一，但南有临安这个“世界之舟”，大都已经不能像前朝的其他都城那样，顺利地成为中国最大的城市。

小结｜与长安相同的都城困境

北京本不适宜做元朝的首都。金朝在此立都，海陵王不过是想以其为桥头堡，目标是进军江南。

忽必烈定都大都，不过是为了“做中华君，行中华事”，只有都城在中华的原有版图上，而不是遥远的草原，他才可能名正言顺地统治中华，像李世民一样，同时做游牧民族的“大汗”和农耕民族的“皇帝”。

而一年有两个季节，他都要回到和林——他的草原大本营，与蒙古部落的统治者们增进感情。

大都与长安一样，都远离经济中心，异常艰难的粮食运输问题，让长安失去了都城的宝座，而大都也终于面临了这样的困境。

郭守敬修的通惠河没能保证从大运河至大都城的运输安全，河水中泥沙过多，河道淤塞严重，导致通惠河已经不能开进大船，通过海运来解决运输问题，成了城市管理者的选择。

然而，山东沿海一带海盗猖獗，让海运损失巨大，在内陆重修运河，成为元朝政府不得不考虑的一个大问题。

大运河经常因为河水泛滥而受到影响，维护费用非常高，有元一代，始终成为困扰管理者的一个难题。

元朝的灭亡，甚至都与此有关——黄河频繁决溢改道，给大运河带来泥沙淤积、河床变浅等许多严重的负面影响，想要维护大都的经济安全和政治安全，就要整修河道，要在全国大规模征发徭役。而数十万民众聚集，加上宗教势力介入，最终导致民变。

事实上，尽管元朝的教训足够深刻——大都并不适宜成为都城，但久居于此的明成祖朱棣，后来还是迁都于此。

都城是一个特殊的政治空间和居住空间，中国古代的都城生产，一靠帝王意志，二靠中国传统的“相地术”即看风水。但事实上，作为空间的都城，还是有着自身所需的客观必要条件。

阳和布泽初回暖，别苑飞花不动尘

空间失序：当都城之荣转为边城之忧

全球气温骤然变冷，从欧洲到中国，都突然进入了冰窖。对中原来说，或许只是雨水失调，饥馑横生，但对于蒙古高原上的蒙古人来说，则意味着严重的生存困难，因此，对北京的攻击一波又一波，有明一朝，几乎没有停止。

与宋元的将军和贵族创国相比，明朝的开创者基本属于贫民创业，因此，在统治风格上，与前两朝有着非常大的不同。

至少在建都问题上，历史上从没有过如此三心二意的王朝。单从都城空间的生产来看，明朝是一个失序的帝国。

三都并立：明帝国的方位困惑

古代帝王把自己的发达之所，称之为“龙兴之地”。朱元璋称帝之后，把应天（南京）定为京师，暂时不定首都。

洪武二年（1369）八月，朱元璋平定陕西之后，才正式召集大臣们研究定都之事。大臣们根据自己对某一地区或者城市的喜好，以及自己对历史上都城的了解，提出了若干建议，但不外乎长安、洛阳、应天、汴梁（元朝至明朝初期对开封的称呼）、大都几处。上选个个都是帝王之都，都有一段繁华的历史，也都有成为新都城的理由。

1368 年 4 月 11 日，刚刚称帝的朱元璋由应天（南京）出发，一路向北督战，同时巡视他刚刚获得的城池土地。

4 月 16 日徐达和常遇春攻克汴梁，这里成了明太祖朱元璋此次北巡的重要目标。

6 月 6 日，朱元璋到达汴梁。

在这里，朱元璋召集了一次重要的御前会议，与众将领商讨北伐及攻打元大都事宜，另一个事项，则是考察汴梁，拟定为北京。

朱元璋在汴梁住了两个月之久，然后回到应天，宣布实行“两京制”:“朕观中原土壤，四方朝贡，道里适均，其以金陵为南京，大梁（即汴梁）为北京，朕以春秋往来巡狩。播告尔民，使知朕意。”

未及一个月，9 月 26 日，朱元璋又出发离开应天，出巡开封，10 月 7 日到达。此次在汴梁，又住了一月有余，直到 11 月 11 日。

洪武七年（1374），朱元璋改自己的老家临濠为凤阳，改名之后，开始在家乡筹建“中都”。为了给凤阳一个“都”的名分，朱元璋也给出了一些看上去十分有道理的解释：南京“去中原颇远，控制良难”，同时，表露自己的中原情结，都中原，方能统驭天下。“问鼎中原”“逐鹿中原”，都是为了在中原定都，都中原，方为正统王朝。设凤阳为“中都”的理由则是，“前江后淮，以险可恃，以水可漕”。

此言一出，群臣哗然。

朱元璋十分倚重的大臣刘基（即刘伯温）直言："中都曼衍，非天子居也"。但朱元璋执意要建，众臣也无可奈何。

因此，明朝形成了南京（应天）、北京（汴梁）和中都（临濠）三都争辉的盛况。

洪武八年（1375），中都建设完毕，朱元璋亲往视察，结果却让所有人感到意外，皇帝亲自宣布废中都。

原来，建国之初的明朝，缺乏足够的建都费用，加之监工克扣工饷，一些木匠愤而用"厌胜之术"，就是在宫殿下面以及房梁等处埋下了魇魅之物，以破坏居者的安宁。

"木工厌胜"的手法大体如下：先削一个似人似鬼的小木偶，在木偶身上刻上生辰八字、咒语等并施以魔法，然后把它置放在房屋的梁柱、槛、壁等不易被人察觉的暗处，施咒作法，使其行魅，让主家遭到祸祟。

朱元璋发现了有人在"中都"施"厌胜之术"后大怒，要把修造宫殿的几千名工匠全部杀掉，工部尚书薛祥冒死进言，说只有木匠才能下镇物，其他工匠没有责任，因此救了许多人的命。

洪武元年（1368）八月，明军攻下元大都，朱元璋下令焚毁蒙古人的皇宫。洪武十一年（1378），朱元璋对汴梁的兴趣也大减，宣布撤销了开封的北京建置。

至此，三都只余一都，不喜欢南京的朱元璋，不得不把这里定为都城。

朱元璋称帝之后，“命刘基等卜地定作新宫”，刘基以及他的 80 岁师傅黄楚望、张铁冠道人一起，用“相地之术”，选定了一块“钟阜龙蟠”“帝王之宅”的风水宝地。令人匪夷所思的是，这块宝地竟然是在一片低洼的湖水中。为了建皇宫，朱元璋调集了几十万民工和士兵来填湖，用了大量的土石填燕雀湖“改筑新城”。

1366 年始建，历时一年，壮丽巍峨的新皇宫完成。到了朱元璋晚年，宫城的地基严重下沉，出现了“前昂后洼”的不堪局面。

朱元璋认为这是一种不祥之兆，因此又动了重新选都的念头。

1391 年，朱元璋派太子朱标巡视关中寻找都城之地，并告谕说：“天下山川，惟秦中号为险固，向命汝弟（太子二弟、朱元璋第二子秦王朱樉）分封其地，已十余年，汝可一游，以省观风俗，慰劳秦民。”

事实上，朱元璋确实有很强的“中原情结”，在传统的中原古都中，选择一个定都，一直是他的心愿。

洪武三年（1370），监察御史胡子祺上奏：“天下形胜地可都者四。河东地势高，控制西北，尧尝都之，然其地苦寒。汴梁襟带河、淮，宋尝都之，然其地平旷，无险可凭。洛阳周公卜之，周、汉迁之，然嵩、邙非有殽函、终南之阻，涧、瀍、伊、洛非有泾、渭、灞、浐之雄。夫据百二河山之胜，可以耸诸侯之望，举天下莫关中若也。”在胡子祺看来，只有关中才是建都的必选之地。据说，此一奏报曾得到明太祖的赞许。此番皇宫地基下沉，如再迁都，西安已经是朱元璋心中的优胜之选。

洪武二十四年（1391）八月，太子朱标奉旨巡抚陕西。当年十月，太子返回南京给太祖复命，进献了自己带人绘制的《陕西地图》。但不久，体弱多病的太子就一病不起，次年四月，太子朱标病逝。自此，朱元璋不再提迁都之事。

朱国祯在《涌幢小品》卷之四里说：“卜筑大内，填燕尾湖为之，虽决于刘基，实上内断，基不敢尽言也。二十五年后知其误，乃为文祭光禄寺灶神云：朕经营天下数十年，事事按古有绪。惟宫城前昂中洼，形势不称。本欲迁都，今朕年老，精力已倦，又天下新定，不欲劳民。且废兴有数，只得听天，惟愿鉴朕此心，福其子孙云云。”

自汉高祖刘邦之后，朱元璋是第一个出生在淮河流域的帝王，淮河不属于南方，但也不属于北方。新安诗派领军人物、曾任明朝兵部左侍郎的汪道昆就说过：“畴昔圣帝明王，率由北产。帝臣王佐，亦以类似……迄我太祖，中天而兴，挺生南国，向明而治，此其向方。”或许明太祖的个人性格决定了其统治风格，他既无法亲近北方，也不能很好地融入南方。

自南宋始，江南的地方知识分子就采取了与朝廷疏离的地方主义态度，保有自己在地方上的影响，而不是优先与朝廷合作。朱元璋当然知道南方地方知识分子的这种骄傲，而且他曾经的竞争对手陈友谅当初的势力范围就在江南，由于陈少时读书，略通文义，所以，获得了部分江南知识分子的好感。朱元璋把都城选在靠近淮河流域的历史名城南京，对他而言，确实是无奈的选择。

客观上说，江南的南京与杭州都是适合建立都城的优胜之地，汉民族几次生死存亡的重要关头，都是因为选择了定都江南，才躲过灭种亡族的大灾祸。自汉以后，中国的经济重心移向江南，无论海运还是水运或者陆运，南京离几个粮食生产基地都很近，中国新兴的商业城市，比如杭州、苏州、湖州，离南京亦不远。对于明朝来说，即便逃至草原的蒙古残余势力能够东山再起，隔着长江天险，也不会给帝国带来太多的困扰。而女真崛起，顶多据江山之半，明朝也不会很快就有亡国之悲。

明太祖建都南京30年后，薨于南京。尸骨未寒，燕王朱棣发动“靖难之役”，登帝位，庙号成祖。朱棣凭武力篡位，遭到朝臣的反对。朱棣以血腥的暴力，展开了对反对派毫无人性的镇压。他做燕王时的北平参议景清，怀刃上朝，欲刺杀朱棣，被剥皮揎草，株连九族。总之，只要有不臣之意，或者表现出不合作的态度，就会遭受酷刑以及被夷灭全族，朝廷上反对的声浪暂时被压制，但民意已经站在了与朱棣对立的一面，离开南京这留有太多冤魂的血腥之地，回到北平，成了朱棣晚年恢复内心平静的唯一办法。

明帝国的都城，面临再一次的迁徙。

南京与北京的再度彷徨

明太祖定都南京之后，大运河不再具有向都城运输物资的功能，昔日浩荡的河面上，已经看不到多少商船。过去繁华的元都城大都，蒙古人的宫殿已经被朱元璋命令焚毁，这个曾经的世界之都，终于暂时变得沉寂。位于中国北方的都城，一旦不再被赋予国家政治中心的使命，马上会迅速衰落。而南方的情况则与此相反，哪怕不再是政治中心，也一样会保持繁华，只不过繁荣程度相对而言有所降低罢了，如建康（南京）、临安（杭州），均是如此。

1368 年 9 月 12 日，大都易名为北平府，取“北方和平”之意。

到洪武二十四年（1391），大运河已经淤塞不通，无法通航。没有了大运河，昔日的大都城变得凋敝破败。

明成祖即位之后，与乃父一样，他也面临着内心巨大的矛盾冲突。

洪武三年（1370），11岁的朱棣受封燕王。与年轻的忽必烈相似，他必须尽早地了解自己封地的状况，并在渐渐长大的同时，与属僚研究治理之策。从1380年3月，21岁的燕王来到自己的封国燕的治所北平（今北京），到1402年称帝，他在北平整整生活了22年。这个从小吃精致南方饭菜的小伙儿，变成了喜食腥膻的北方大汉。

燕王朱棣有一首诗《矾山霁雪》，流露出他内心对江南与塞北的好恶：

白絮舞蹁跹，天地生浩烟。
人称江南景，不及北国川。

诗虽空洞无物，但明白无遗地告诉世人，他喜欢塞北的白马秋风。

在北平生活这22年对他的影响和改变是巨大的，当他坐上皇帝的宝座，再次尝试当一个南京人的时候，与朝臣在语言、生活习惯、思维方式和行事风格等方面的冲突，让他更加怀念北方，怀念那个可以率性而为的城市。

永乐元年（1403），朱棣下旨，改北平为北京，称为“行在”，并改称为顺天府。

名为“行在”，实际上，朱棣已经利用其他理由移民充实北京，先让这个荒疏的旧日都城热闹起来。

久住北平的朱棣知道，光有人还不成，最重要的是要疏通已经淤积严重的大运河，恢复漕运。自永乐五年（1407）开始，朱棣在北京兴建宫殿。最好的借口，当然是先把燕王府改建为行宫，以备他到北京巡视时暂住。据《春明梦余录》记载：“太宗（即明成祖）登极后，即故宫建奉天三殿，以备巡幸受朝”。

永乐八年（1410），作为行宫的奉天殿已建成。永乐八年七月和十二年八月，明成祖两次到北京，都在奉天殿接受群臣的朝贺。这两次北京巡幸，也可以说是放一个探测气球，试探试探群臣对于迁都的态度。永乐十四年（1416），明成祖召集群臣，正式商议迁都北京事宜。对于提出反对意见的大臣，明成祖毫不客气，同样采取一贯的惩戒手段，要么革职，要么严惩，反对的声音终于暂时消失。

永乐十五年（1417）四月西宫建成，这是一个模仿都城南京宫城的建筑，只是相对而言规模较小罢了，建有承天门、午门、奉天门等三道门。

众臣对朱棣的意图早已经心知肚明，没有人公开反对。朱棣开始做迁都的准备了。

永乐十四年十一月，朱棣下诏，命令群臣讨论营建北京宫殿的事宜，于是六部尚书等上疏，支持大规模兴建。自永乐十五年兴工，到永乐十八年十一月，历时3年完成，“凡庙社、郊祀、坛场、宫殿、门阙，规制悉如南京而高敞壮丽过之”。

也就是说，虽然朱棣不喜欢南京，但是登基之后仍然在这里住了18年之久，与他此前在北平居住的时间，也相差无几了。

徐达讨平元大都后，曾缩小了大都的范围，而朱棣重新在北平建都，规制上不能低于南京，因此，必须把曾经缩小的城墙扩展，以便安排皇城以南千步廊两侧的中央重要官署。永乐十七年十一月“拓北京南城，计二千七百余丈”。

永乐十九年（1421）元旦，明成祖在奉天殿接受大臣朝贺，把北京升格为京师，取消“行在”的称呼，采取“两京制”，设南京为留都，应天府各衙门都加上“南京”二字。这只是给这个昔日的都城以一个体面的收场罢了，以示对开国皇帝的尊敬，事实上，此后的历代明朝皇帝都未用心经营留都，没有把南京当成一个战略退却时所需要的政治中心，按城防、守卫、交通以及战时勤王所需的各种资源方面来配置，因此，200多年后，当李自成兵临北京城下，崇祯皇帝选择了自戕，而不是像康王赵构一样，南渡以求凝聚国力民心，以图东山再起。

皇帝也不是事事顺心，永乐十九年（1421）四月初八日中午，一场突发的大雷雨，引发了火灾，将奉天（太和）、华盖（中和）、谨身（保和）三大殿烧毁。十几年举全国民力兴建的皇宫，在朱棣正月初一登殿庆贺刚过百天的时候，就遭天火焚毁，一时间物议纷然。朱棣也下了罪己诏：

朕躬膺天命，祗绍鸿图，爰仿古制，肇建两京，乃永乐十九年四月初八日奉天等三殿灾，朕心惶惧，莫知所措。意者于敬天事神之礼有所怠欤？或法祖有戾而政务有乖欤？或小人在位贤人隐遁而善恶不分欤？或刑狱冤滥及无辜而曲直不辨欤？或谗慝交作谄谀并进而忠言不入欤？或横征暴敛剥削掊克而殃及田里欤？或赏罚不当蠹财妄费而国用无度欤？或租税太重徭役不均而民生不遂欤？或军旅未息征调无方而馈饷空乏欤？或工作过度征需繁数而民力凋弊欤？或奸人附势群吏弄法抑有司阘茸罢懊贪残恣纵而致是欤？下厉于民，上违于天，朕之冥昧，未究所由，尔文武群臣受朕委任，休戚是同，朕所行果有不当，宜条陈无隐，庶图悛改，以回天意。钦此

说了这么多，一句没说自己滥杀，反而故技重施，引蛇出洞，让大臣们“条陈无隐”。曾经被压制下去的反对言论，被皇帝诚恳地一引导，再度浮上水面。

邹缉直言迁都之害：“陛下肇建北京，焦劳圣虑，几二十年。工大费繁，调度甚广，冗官蚕食，耗费国储。工作之夫，动以百万，终岁供役，不得躬亲田亩以事力作。犹且征求无

艺，至伐桑枣以供薪，剥桑皮以为楮。加之官吏横征，日甚一日。如前岁买办颜料，本非土产，动科千百。民相率敛钞，购之他所。大青一斤，价至万六千贯。”总之，邹缉把宫殿失火的原因，归在迁都上，认为“下失民心，上违天意。怨讟之兴，实由于此”。

礼部主事萧仪也上书反对迁都，认为迁都致“天下供役，民力凋敝”，最让朱棣恼怒的，是他说迁都弃绝皇脉与孝陵，有违天意。

朱棣龙颜大怒，“谓言事者谤讪，下诏严禁之，犯者不赦。侍读李时勉、侍讲罗汝敬俱下狱；御史郑维桓、何忠、罗通、徐瑢，给事中柯暹俱左官交阯。惟缉与主事高公望、庶吉士杨复得无罪。是年冬，缉进右庶子兼侍讲。明年九月卒于官”。

也就是说，邹缉的话虽然也有违圣心，但并没有因此获罪，后来还升了官。但萧仪就没有那么好的运气了，只是朱棣并没有杀他，而是下狱了事。萧仪倒也豁达，在监狱里，与黄淮同为狱友三年，唱和诗作十多首。于永乐二十一年（1423）七月十九日，因病卒于狱，年四十。

若干官员系狱，这事并没有了。朱棣让官员们跪在午门外辩论。辩论是假，向他的理由屈服才是真。朱棣事先定了调，“北平之迁，我与大臣密计，数月后而行……彼书生之见，岂足以达英雄之略哉！”也就是说，凡是赞同他的英明远见的，都是英雄所见略同。不赞同他迁都之举的，都是书生之见。事已至此，还能讨论出个什么结果呢？群臣再次屈服于皇帝的观点，此事似乎终于画上了句号。

南迁之意的搁置

永乐十八年（1420），新都营建成功。永乐十九年元旦，北平升格为京师，正式成为都城。永乐十九年四月，三大殿被天火所焚。永乐二十二年，朱棣驾崩。也就是说，朱棣精心营造的新都，他仅住了三年。

这三年里，他不得不面对这样的场景：华丽的皇宫内，三个大殿一片残垣断壁，看看就让人心生寒意。但由于各种原因，朱棣直到去世，也没有再整修那被天火毁了的三个大殿。

在皇权为所欲为的时代，人们用天意来制约皇权，用自然界的意外事件作为警示皇帝的信号。朱棣尽管是一代英主，也不敢与天作对，面对天的惩罚，他也选择了黯然接受。同时，修造都城已经劳民伤财，给百姓造成了沉重负担，三大殿被天火所毁，导致天下物议汹汹，如果一意孤行，再造新殿，不但可能招致大臣的再度反对，也可能会失去民心。

永乐二十二年（1424）八月，明仁宗朱高炽（1378—1425）登基，次年改元“洪熙”。

龙椅还没坐热，朱高炽就想再迁都南京。朱高炽的情况与朱棣有些相似，朱棣是久居塞北，征战沙场。而朱高炽则是朱棣征战期间，长期以太子的身份在南京监国。因此，对南京更喜欢，相较之下，也对北京的状况更不能忍受。史书记载，“洪熙元年三月戊戌，将迁都南京，诏北京诸司悉称行在……四月壬子，命皇太子（即朱瞻基）谒孝陵，遂居守南京”。

明仁宗迁都南京的重要原因有二：一是边患，二是漕运。

北平升格为京师后，人口的积聚效应很快显现，北京周边的粮食产出已经无法满足都城的需要，大量的粮食及其他经济作物需要经漕运从南方运抵北京，但明太祖建都南京后，北平荒疏，大运河的河道淤塞严重，为了疏通河道，不得不征用大量民力，一时怨声载道。而边患，则始终是明朝的第一要务：200 多年后，清朝崛起，灭亡明朝，也是边患的放大而已。

明末思想家黄宗羲说：“或曰：自永乐都燕，历十有四代，岂可以一代之失，遂议始谋之不善乎？曰：昔人之治天下也，以治天下为事，不以失天下为事者也。有明都燕不过二百年，而英宗狩于土木，武宗困于阳和，景泰初京城受围，嘉靖二十八年受围，四十三年边人阑入，崇祯间京城岁岁戒严。上下精神敝于寇至，日以失天下为事，而礼乐政教犹足观乎？江南之民命竭于输挽，大府之金钱靡于河道，皆郡燕之为害也。”

仅在世宗朝，就有多次蒙古人犯边之事，因都城在边，举国上下，倾全力而退贼，几无力做经济上的建设。

嘉靖三十六年春二月，俺答犯大同。三月壬午，把都儿寇迁安（京师东200公里），副总兵蒋承勋力战死。

嘉靖三十八年春二月庚午，把都儿犯潘家口，渡滦河，逼三屯营（京师东北方向150公里）。三月己卯，掠迁安、蓟州、玉田（玉田距离京师只有接近100公里了）。

嘉靖四十二年春正月戊申，俺答犯宣府，南掠隆庆。冬十月丁卯，辛爱、把都儿破墙子岭入寇，京师戒严，诏诸镇兵入援。戊辰，掠顺义、三河（距京师50公里），总兵官孙膑败死。

嘉靖四十三年春正月壬辰，土蛮黑石炭寇蓟镇（京师东北 150 公里）。

嘉靖四十五年四月，俺答犯辽东。秋七月乙未，俺答犯万全右卫（京师西北方向 200 公里）。冬十月丁卯，犯固原，总兵官郭江败死。癸酉，犯偏头关。闰月甲辰，犯大同。

仅仅十年时间，犯边事件至少 26 次，战死、被杀的明朝副总兵、总兵、游击将军、参将等至少 15 人以上。

但皇帝的愿望，总被天意打断。明仁宗继位仅仅 10 个月，就在北京驾崩。临死前，仁宗发了遗诏，前面说了一大堆死生有命的话以及对皇子的良好评价，最后不忘了强调迁都："呜呼，南北供亿之劳，军民俱困，四方仰咸南京，斯亦吾之素心，君国子民宜从众志，凡中外文武郡臣咸尽忠秉节，佐辅嗣君，永宁我国生民，朕无憾矣。诏告中外，咸使闻知。"

定都北京的艰难选择

仁宗薨，宣宗朱瞻基即位。

宣宗朱瞻基是个态度中庸之人，虽然仁宗在世时，就让他去谒孝陵，守南京。

仁宗在遗诏中，对迁都之事也说得明明白白。但宣宗登基做皇帝之后，却把这事搁置了下来。既不迁都，也不废北京的“行在”称呼，而是设置了南北两个中央直属区——南北直隶，支持两京制。南京作为留都，应该说是与北京并峙的明朝政治中心之一，保留了一整套的中央政府官僚体系。六部、都察院、五府和内廷的太监体系，与北京一模一样。分设南北直隶后，两京关系暂时得到平衡，人们的关注点不再是迁都，而是民生与稳定。

整整十年，宣宗朱瞻基像父祖两代一样，整日看着烧焦的三大殿，却没有余力重修，在一片貌似废墟的宫城内，居住、生活，行使着至高无上的权力。

宣德十年（1435）春正月，38 岁的明宣宗英年早逝,8 岁的朱祁镇即位，年号正统，是为明英宗。

五年后，13 岁的小皇帝下诏重建北京紫禁城里的宫殿，第二年十一月，“乾清、坤宁二宫，奉天、华盖、谨身三殿成”，小皇帝又下诏，“大赦，定都北京，文武诸司不称行在”。北京作为明朝首都的地位，由此确立。

1368 年，朱元璋建立明朝，到 1440 年最终确立北京为京师，整整 72 年, 5 代人才完成了这一使命。

一个 13 岁的孩子，当然不会贸然决定几代人都争执不下的定都问题，在皇帝的后面，起决定作用的，是明宣宗孝恭皇后孙氏。

孝恭皇后亦为巾帼女杰，土木堡之变，英宗被虏，她支持于谦坚守北京，同时立景泰帝，化解皇帝缺失的统治危机，后又支持景泰八年的夺门之变，扶持英宗复位。虽然为女中英豪，但宣宗宁可搁置十年都不愿意直接面对的事，在她手里轻松化解，也不是善断那么简单。

定都北京，漕运始终是个问题。

黄仁宇先生在《明代的漕运》一书中说，漕河是一条人造河流。它的运作效率，不但同黄河的含沙量、高邮湖的水位和华北的冰冻季节有密切关系，而且在相当大的程度上，取决于时人的看法及对种种问题的反映。

黄仁宇认为，为了维持朝廷的正常运行，明廷并不把自己的活动局限于功利性职能。它为了确立自己的权威，必须要精心组织各种庆典和仪式，炫耀自己的富丽堂皇。为了满足这一需要，它强迫漕河解决供应问题。在黄仁宇的眼里，明代的皇帝和大臣都没有经济观念和成本观念，依赖于没有条件的内陆运输，给王朝的政治、军事和经济安全带来巨大隐患。输送漕粮的南北大运河成了明朝的生命线，为了维护运河的安全，有时在沿岸遭受旱灾时，宁可让这些地区颗粒无收，只要漕粮未过，运河水就不能用于灌溉。而洪灾泛滥的时候，黄河下游经常决口，为了确保运河畅通，往往宁可暂不堵口。可以说，定都北京所需的漕运问题，最后拖垮了明朝的财政。

著名中国问题专家费正清也说，北京这一宏伟都市远离它的经济源泉，维持这一中心所用的人力和物力在明代灭亡和在帝国时代结束之前，一直消耗着政府的收入和人民的财富。

法国著名学者布罗代尔则指出：15 世纪初中国放弃了因长江之利而对航海开放的南京，定鼎北京，“背离了利用大海之便发展经济和扩大影响的方针……正是在这时候，中国在争夺世界权杖的比赛中输了一局”。

小结｜令人胆寒的“明朝六渊”

如果朱棣知道，他任性地把都城从南方迁到北方之后，迎来的是长达几百年的寒冷冬季，也许就不会做出这个愚蠢的决定。

蒙古人建立的元朝被推翻了，但是溃散的蒙古部落总是心有不甘，稍稍强大起来之后，就会旋风一样来到中原寻仇。而明朝人不知道的是，除了仇恨，还有另一个更强大的敌人，在后面驱赶着蒙古人，让他们一直向南，到汉人聚居区、到朱元璋的子孙们统治着的地方来抢掠食物和衣物——几百年未有的寒冷，比鞭子更残暴地抽打着蒙古人，让他们努力靠近更温暖些的地方。

国外汉学家从气候变化的角度，对元明两朝的气候进行了统计，发现正是在这一时期，全球气温骤然变冷，从欧洲到中国，都突然进入了冰窖。对中原来说，或许只是雨水失调，饥馑横生，但对于蒙古高原上的蒙古人来说，则意味着严重的生存困难，因此，对北京的攻击一波又一波，有明一朝，几乎没有停止。

同样，明朝后期，女真人向关内进攻，除了中华世界的吸引之外，也有气候因素的影响。

天启七年（1627），即崇祯皇帝即位这一年，气温骤降，寒风刀子一样割着女真人的皮肤，这也逼迫他们拿起刀子，去争夺更温暖的土地。

加拿大汉学家卜正民在《哈佛中国史·挣扎的帝国：元与明》中，为元明两朝刻薄地总结出了“元明九渊”，其中，三渊在元，六渊在明。这“明朝六渊”分别是：

景泰之渊——景泰六年，饥荒、疾疫、洪水、蝗灾同时暴发，成为百年来最糟糕的灾年之一；

正德之渊——使明武宗枉担了无能、荒唐的千古骂名；

嘉靖之渊——明朝经历了长达三年之久的疾疫；

万历之渊——黄仁宇在《万历十五年》中认为这一年发生的事，与明朝的灭亡有某种潜在的关联。事实上，万历在位期间，竟然再次遭遇了大的天灾，也就是说，按照卜正民给出的概念，则万历皇帝一个人就掉入了两次灾害深渊：一次是 1586 年至 1588 年，明朝发生严重疾疫；另一次则是 1615 年至 1617 年。

崇祯是最不幸的皇帝，1637 年至 1643 年，整整经历了七年大旱，很多地方“人相食”，国家财政严重困难，连军饷也发不出来。

然而，朱棣并不知道这一切，在他的年代，蒙古人虽然同样遭受着寒风这刀子的抽打，但朱棣的刀子显然更锋利一些，因此，蒙古人不得不暂避一时。朱棣驾崩后，继任的明朝皇帝再也不是蒙古人的对手，蒙古兵终于可以再度饮马北京城外了。

曾写有《中国救荒史》的史学家邓云特先生曾说：“明代共历 277 年，而灾害之烦，则竟达 1011 次之多，是诚旷古未有之记录也。”在邓云特的统计中，水灾最多，共 196 次；旱灾紧随其后，高达 174 次；预示统治失范的地震，同样高达 165 次；其他重要灾害，分别是：雹灾 112 次，风灾 97 次，蝗灾 94 次，歉饥 93 次，疫灾 64 次，霜雪之灾 16 次。

而现代学者鞠明库通过对明代相关资料的整理发掘，发现灾害数字远远超过邓云特先生的估算。鞠明库认为，就各个灾种来说，洪涝、旱灾、地震三种灾害均超过了 1000 次，而洪涝灾害更是达到 2000 次之多，平均每年发生洪涝灾害达

7 次之多。如果按省区来统计，则北直、南直、山西、山东、陕西、湖广、浙江、河南等省区灾害频繁，其中北直更是达到了惊人的 1092 次，平均每年发生灾害近 4 次。“崇祯十四年（1641）的疫灾波及 217 县，华北平原人口总死亡率在 50%—90% 不等，江南地区为 20%—30%。其状况惨不忍闻。”

学者高建国先生统计认为，明代 277 年中，因自然灾害而死亡的总共有 6274 万人，年平均约 22 万人，其中旱灾导致约 4165 万人死亡，地震导致约 878 万人死亡，涝灾导致约 709 万人死亡，分别占因灾死亡人数的约 66%、14%、11%。

灾害频发，人们并不知道应该如何解释，因而用儒家传统的“天人感应”观来警告皇帝，要改善治理方法，多行仁政。某种程度上可以说，灾害改变了明朝中后期的政治生态。

明朝建立之初，皇帝权力无限大，没有任何力量可以制约皇帝。到了明朝中叶，皇帝逐渐在灾异论的影响之下，回到了有限皇权。“天谴”和“天声代替民声”等观念，在明朝中后期深入持久地影响了国家政治生态。

作为后来者，我们可以客观地来看待历史——如果朱棣不迁都，则漕运的沉重负担不会转嫁给民众，则蒙古骑兵因为寒冷而南下的抢掠，就不会影响国运，则女真人对北方边城的攻击，也不会造成明朝的速亡。

不容忽视的是，明朝灭亡还有另外一个重要原因，就是对待蒙古民族的策略。

美国人类学家巴菲尔德在《危险的边疆：游牧帝国与中国》中说："元朝之后，人们预测蒙古的军事实力会受到削弱，这种情况并未在明代出现。在整个明代，不仅是卫拉特，甚至连达延汗与俺答汗领导之下的东蒙古都劫掠了中原边界，甚至还袭击了北京。没有哪个王朝像明朝那样与游牧民族有如此频繁而又绵延不断的边界战争，这表明蒙古人在其世界帝国消失后的几个世纪中依然是一支主要的军事威胁力量。明朝灭亡之后，在清朝统治的最初一百年中，东蒙古是朝廷在内陆亚洲对抗准噶尔扩张的军事堡垒。"

巴菲尔德分析道："永乐朝之后，明朝统治者并未设法笼络蒙古首领，也没有将游牧力量纳入庞大的帝国结构之中。"

他总结说："明朝与唐朝不同，它没有认真考虑将游牧力量当作盟友：寻求游牧力量的援助以抗击满洲人或内部反叛的建议被朝廷拒绝。"

马卿素有凌云志，应有词章颂圣明

山河祭祀：在都城完成与上天的联结

安全、区隔、控制、祭祀、消费，构成了都城空间生产的几个主要元素，明代的北京城，也是围绕着这些元素来构建的。都城并不是一个开放的娱乐空间和消费空间，之所以历代皇帝都对都城生产无比重视，主要因为都城不但肩负着国家的安全，更肩负着皇帝个人与家族的安全。

一个家设计装修成什么样子，肯定与主人的文化修养、生活经历与品位以及内心的安全感密切相关。

比如，虽然偏居江南，但司马睿内心的安全感或许并不比雄霸天下的秦始皇低。

同样的道理，经历了“靖康之耻”的赵构，又一路被金兵追杀到海上，内心的惊惧与惶恐，并不亚于任何初到临安的普通士人，但他仍然能够住在与民居为邻的皇宫里，市井之众站在皇城外的酒楼上，就可以像在勾栏里欣赏演艺节目一样，观看皇宫内的日常活动，先祖们留下的制度文化以及赵家人优雅亲民的态度，肯定起了至关重要的作用。

横扫六国的秦始皇，内心的脆弱与恐惧也通过皇城的空间生产完全得以展现。迷宫一样的宫殿群、复杂的秘道以及与市井烟火的层层区隔，将其内心深处的恐惧感淋漓尽致地予以展现。防守严密的京城、身边无数的护卫、宫殿内处处灵巧的机关，仍然不能让他安心，而必须住在庞大的堡垒里。

开国皇帝对都城空间生产具有决定性的作用，因此，研究北京的空间生产，就不得不从研究朱元璋开始。

文化水平较低的朱元璋从传统中国所学到的统治经验并不多，传统治国经验通过一套书写系统来传递，并通过一套阅读系统来理解。很显然，对阅读不感兴趣同时对儒家不感兴趣的朱元璋，对这些经验同样没有兴趣，他的直接经验来自他所成长的元朝，或者说，他的统治理念不是来自经由书写系统而传达的历代经验，而是来自对元朝统治的直接观察与模仿。从统治方法上来看，他更像是一位来自汉人血统的蒙古皇帝。

元朝皇帝把中国自秦以来的专制统治，退化成了独裁统治，皇帝的威权空前壮大，几乎没有任何力量可以制约。朱元璋与朱棣的独裁权力，比有些元朝皇帝还要大。比如元仁宗，努力从书写系统保存下来的传统中原王朝治理经验中获得借鉴，并尊重仁政的力量。但朱元璋与朱棣却几乎没有从蒙古仁者大汗身上学到任何东西。

另外，哪怕我们忘记了朱元璋曾经是一位僧人，也不应忘记他正是因为跟随白莲教起义，才获得了天下。因此，明朝都城的生产特点，就不得不考虑宗教的影响。北京仿南京而建，从根本上说，北京的空间生产，与朱元璋的成长经历及治国思想有着强烈的关联。

况且，朱棣与其父的治国思想及统治方式极其相似，更加近元朝而远唐宋。

万岁山："相地术"之下的新空间

中国的历史研究大多是在时间维度上，历史是一个线状的链条，由时间连缀而成。

然而事实上，历史并不是被动地由时间创造的，同时也主动地被空间创造着。

对于历朝历代的皇帝来说，都城的空间创造，既是实施统治的文化标志，也是进行治理的政治表达，都城的空间生产，无一不隐含着皇帝的政治意图与统治策略。

列斐伏尔敏锐地指出，空间是"国家最重要的政治工具。国家利用空间以确保对地方的控制、严格的层级、总体的一致性，以及各部分的区隔"。

安全、区隔、控制、祭祀、消费，构成了都城空间生产的几个主要元素，明代的北京城，也是围绕着这些元素来构建的。

都城并不是一个开放的娱乐空间和消费空间，之所以历代皇帝都对都城生产无比重视，主要因为都城不但肩负着国家的安全，更肩负着皇帝个人与家族的安全。

所谓的国家安全，古人认为，第一个层面是风水，权力的获得主要是因为天意垂青。而利用风水，即“相地术”，术士们对山川地理按照一套繁密的操作方法进行考察，最后选取出不但体现了天意，而且居住之后可以福佑子孙，保江山永固、延续万年的绝佳之地。

安全的第二个层面，才是地形险固。比如，朱元璋之所以属意长安，是因为长安被历代证明在防守上是极佳的城市，有“天下山川，惟秦中号为险固”之称。

从地理位置看，长安南有秦岭为屏障，北有黄土高原做庇护，西有陇西高地做护卫，东面则有黄河、中条山、崤山。

从防卫设施看，长安外围有“关中四塞”，即东面的潼关、南面的武关、北面的萧关、西面的大散关。

从战略防护梯次看，渭、泾、沣、涝、潏、滈、浐、灞八条河流环绕长安，可以安排梯次防御，一波一波地阻挡来犯之敌的进攻。

另外，长安有良好的大后方：四川。一旦形势不利，皇帝可以抽身而走，避敌锋锐，等待勤王之师四面赶来，再图驱敌良策。唐朝皇帝多次采取这个办法，躲过灾厄。

安全的第三个层面，是都城的外城。外城城墙要高，要厚，箭楼能够有效躲避城下的箭矢，又能有效地组织反击。

明都北京，其实是主动把自己置于火上来烤。北京完全是个边城，明代初期，强悍的蒙古骑兵随时兵临城下，然后旋风一样地消失，因此，明朝不得不再修长城，冀图让一道边墙阻挡蒙古骑兵的骚扰。

这道边墙，也成为明朝的第一重围墙。因此，如果从广义的外城来算，长城当是北京的外城边界。

明代末期，来自东北的女真劲旅更是凭借骑兵，反复冲撞明朝的大门，终于破门而入，毁其家园。

朱棣无论如何也没有算计到，子孙们最大的威胁并非来自边墙之外，而是来自边墙之内——当崇祯皇帝面向东北挥刀护卫家园的时候，李自成从后面给了他致命的一刀。

安全的第四个层面，是皇宫。一定要重重封锁，使皇帝居于都城最中心、最安全的地方。

但物极必反，锁得越严密，皇帝与外界的接触越少，对宦官和内臣的依赖越严重，对外界的信息反馈越不敏感，做出错误决定的概率越高，所有的失误累积起来，定会损耗王气，导致王朝早夭。

先说风水。

北京并非中原王朝的风水首选，战国时燕国覆亡后，中原王朝从不正眼往这里看一下。938 年，契丹人在这里设置南京幽都府,1012 年，改称析津府，自此成为辽的五都之一。

直到女真人意欲进军中原，需要一块巨大的跳板，它才把都城迁到这里。

明入北京以前，北京向来是腥膻之地，外族所居，汉人政权避而远之。

用中原文化的所谓“相地术”即风水术来看，这里肯定不是王者之地。

朱元璋和朱棣都是“汉人血统的蒙古皇帝”，影响他们的并不是血统，而是超越血统的文化。所以，我们仍然可以把明朝的北京，看成是“胡居”的，即看成是元朝的延伸。也就是说，某种程度上，我们仍然可以把明代早期，看成是蒙古统治，只不过皇帝是胡化的汉人而已。因此，如果完全套用汉人文化中的“风水”来看待北京，就有些牵强附会了。

但朱棣既然选择了北京，总要在所谓的风水方面，制造一些足以安慰内心的“创造物”。

朱棣的这个创造物，就是“万岁山”。

明朝的北京，在宫城正北玄武门外，建有高十四丈、周围约二里的土山，是利用拆毁元故宫留下的渣土堆成，称为万岁山（清代改称景山），成为“大内之镇山”，作为中轴线部署的最高峰。然而充满反讽意味的是，明朝的最后一个皇帝崇祯帝，国破后就是吊死在这里的。

再说地形险固。北京三面环山，有险可凭，且有重要关塞扼守，古有“天下九塞，居庸其一”的评价。明朝末年，女真人反复叩关，都难以轻入。

但明朝之亡，并非亡自关外的女真人之手，而是亡自关内的李自成之手，北京只有居庸关雄壮可倚，余皆不可凭恃。

至于都城建设，则皇城尤其紫禁城的安全被放置到重中之重的位置，这与朱元璋的思想是一脉相承的，他之所以属

［五代］卫贤《闸口盘车图》（局部） 绢本设色，上海博物馆 藏

此图描绘了河旁闸口的一处官营水磨作坊。画中楼阁、亭台、长廊等建筑物繁多，精细恢宏，呈现出五代宋初时期粮食加工运输的全过程。

〔北宋〕张择端《清明上河图》（局部） 绢本设色，北京故宫博物院 藏

此图描绘了北宋时期汴京繁荣的城市面貌和人民的日常生活情景。是中国“十大传世名画”之一。

［元］佚名《西湖清趣图》（局部） 纸本设色，美国弗利尔美术馆 藏

此图从钱塘门绘起，逆时针绕西湖一周，再回到钱塘门，描绘了南宋西湖全景。

〔金〕杨微《二骏图》（局部） 绢本淡设色，辽宁省博物馆 藏

此画描绘了一位女真族牧马者套驯骏马的情景。空旷原野中，一位身裹皮衣、满脸胡须的驯马人骑马狂奔，手执细竿，竿尖绑绳，将绳扣套住前方的另一匹马；两匹马体型壮硕，马鬃乌黑发亮，四蹄腾空跃起，健壮有力。

〔明〕仇英《南都繁会景物图卷》（局部） 绢本设色，中国国家博物馆 藏

此图又名《南都繁会图》，因为如实反映了明朝留都南京的市井之貌，故有南京版《清明上河图》之称。

［明］文徵明《吴中胜概图》（局部） 绢本浅绛设色，天津博物馆 藏

吴中是文徵明的故乡，他与唐寅、祝允明和徐祯卿合称“吴中四才子”。《吴中胜概图》是文徵明以吴中的自然景物为蓝本创作的山水画，生动描绘了江南的湖光山色和名胜佳地。

〔清〕冷枚《避暑山庄图》 立轴绢本设色，北京故宫博物院 藏

避暑山庄是清朝皇帝夏日避暑之地。此图中湖水荡漾，荷花盛开，岸柳垂荫，亭台、水榭、宫室、高楼因地制宜，聚散错落。

［清］徐扬《京师生春诗意图》 立轴绢本设色，北京故宫博物院 藏

此图绘于清乾隆三十二年（1767），描绘了正阳门大街、五牌楼、紫禁城、景山、西苑、琼岛、天坛祈年殿等建筑，展现了北京晚冬初春时的全貌。

［清］徐扬《姑苏繁华图》（局部） 纸本设色，辽宁省博物馆 藏

《姑苏繁华图》又名《盛世滋生图》，描绘的是康乾时期苏州的繁华景象。图上城外山峦重叠，城内房屋甚多，整齐划一；船只铺满河面，街道上人头攒动，热闹非凡，一派繁荣昌盛的盛世景象。

老北京风俗地图　1936 年天津北洋印字馆彩色石印本

此图以卡通画的方式向西方读者介绍了北京的城市格局、风景名胜及风俗民情，图四周则描绘了公元前 11 世纪周王朝建立直至 1927 年国民政府迁都南京期间发生在中国的重大历史事件，以及中国民间婚丧嫁娶场景等。

意长安，就是看中了长安的安全性。明王朝能够存在多久，朱元璋无法预知，但他希望都城躲在重重关隘之中，可以让王朝的寿命活得更长久一些。

紫禁城“以墙为隘，以门为关”，宫墙重重，宫门道道，这种形式上的“关隘重叠”，造成了一种空间上的安全感，也给了皇帝某种程度重重保护、万无一失的心理安慰。

“紫禁城”共有四座城门：南为午门，北为玄武门，东为东华门，西为西华门。

皇帝通常住在紫禁城的寝宫乾清宫。

保护紫禁城的，是皇城。

皇城在内城中央，城墙周长约 9 公里，四面共有七座城门：正南为大明门，其东转为长安左门，西转为长安右门，中为承天门，东为东安门，西为西安门，北为北安门，皇城的城墙用砖包砌，涂以红色，上面盖着金黄色琉璃瓦。

北京初为都城之时，并无外城。明朝嘉靖年间，开始修筑外城。城墙用砖包砌，城墙外面挖有护城河。外城共有七座城门：南面中为永定门，东为左安门，西为右安门；东面南为广渠门，北为东便门；西面南为广宁门，北为西便门。

最初建设外城的想法，是把整个皇城包围起来，但由于嘉靖朝的国库财力已经不济，加之民力乏困，无力建设庞大的外城，所建外城只把南城包裹起来，事实上，也难以起到很好的防御效果，不过是心理安慰罢了。

但不管怎么说，重重保护、重重防御，一道道砖墙，成了一座座山峦的象征，皇帝及其宫廷，似乎置于了一个安全隐秘的所在。

一个朝臣或者外国使节若从外城的永定门出发去见皇帝，要一路经过第一个门口永定门、第二道关口正阳门、第三道关口大明门、第四道关口承天门、第五道关口端门、第六道关口午门、第七道关口太和门、第八道关口乾清门，最后才能一睹龙颜。这样的八个关口，象征八道关隘，也象征着其间的跋山涉水，在这样一个简短的旅途中，皇帝的威权得以尽现。

奉先殿：祭祀空间的新创设

祭祀方面的空间生产，一向是都城建设仅次于内城建设的重中之重。

明废原庙，重建太庙，同时在内城建奉先殿，以便皇帝及后宫随时祭祀先祖。

明朝的太庙建于端门以东，前有正殿，有庑，后有寝殿。殿都是九间开阔，每间一室，共分九室。正殿九室分贮诸帝后衣冠，祭则陈设；后殿九间分列诸帝后神主。

太庙占地200余亩，是根据中国古代“敬天法祖”的传统礼制建造的。天花板及廊柱皆贴赤金花，制作精细，装饰豪华。大殿两侧各有配殿十五间，东配殿供奉着历代的有功皇族神位，西配殿供奉异姓功臣神位。大殿之后的中殿和后殿都是黄琉璃瓦庑殿顶的九间大殿，中殿称寝殿，后殿称祧庙。此外，还有神厨、神库、宰牲亭、治牲房等建筑。

朱元璋时期的太庙，元世祖以及元代名臣木华黎、博犲忽、伯颜、博尔术、赤老温等五人也赫然在列，但到了嘉靖九年，元世祖以及此五人均被移除。

明朝祭祀空间的创新之一是社稷坛，建在太庙附近。

金元两朝，社坛与稷坛分设。社坛，祭祀土地神，土地是农业之本，用来护佑风调雨顺。稷坛，用来祭稷神，护佑丰收。

明代把社稷合而为一，共称社稷坛。社稷坛身为汉白玉砌筑的三层方台，上铺的五色土按中黄、东青、南红、西白、北黑五个方位填实，作为“普天之下，莫非王土”的象征。土台中央方形石柱，称为“社主石”或“江山石”，表示皇帝“江山永固”。

洪武元年（1368），明太祖于南京城外钟山之南建圜丘，以冬至祀天。钟山之北建方丘，以夏至祀地，以仁祖淳皇帝（明太祖的父亲）配享。洪武十年（1377）春，改为天地合祀。即在圜丘的基础上建大祀殿，每年正月上辛日行礼。仍以仁祖淳皇帝配享，并于大祀殿周围设日、月、星、辰四坛，外围设五岳、五镇、四海、四渎、风云雷雨、山川、太岁、天下神祇、历代帝王等二十坛。明成祖朱棣迁都北京后，仍然实行洪武制度，于大祀殿合祀天地。嘉靖九年（1530），改为天地分祀。

明代祭祀空间的另一个创制，就是奉先殿。

奉先殿创制于朱元璋，“以太庙时享，未足以展孝思”而建，类似于皇帝家庙。太庙地位尊崇，受限于礼的制约，祭祀活动属于国家重大典礼，规模庞大且次数不多，明清一般是四孟时享、岁暮祫祭共五次（临时性的告祭等除外）；而奉先殿建于内廷，皇帝平时可以更频繁、更方便地致祭。

朱棣迁都北京，奉先殿也依制建于内城。

朱棣的后人在敬祖的问题上一直比较重视，奉慈殿、弘孝殿、神霄殿和本恩殿，这类祭祀先人的特有空间被先后创制出来。

按照南京旧制，奉先殿建在内廷乾清门以内东侧。殿分九室，如太庙的寝殿那样，每室奉一帝一后的神主，每月每日都有规定的时鲜食品及献祭，由南方一定地点采办送来，南京特别设有专为奉先殿进献的“进鲜船”，挽夫多至千人，因而耗费很大。

中轴线：朝廷衙署的安放之所

皇帝如何控制天下？或者说，皇帝如何控制朝廷的办事机构？

作为“汉人血统的蒙古皇帝”，朱元璋与朱棣对手下的官员都像蒙古人对待家奴一样。因此，朝廷的办事机构，也都挤在皇城之外的狭窄空间内。

侯仁之先生在《明清北京城》一文中指出，与元代宫阙相比，明代紫禁城的另一个变化在于紫禁城的前方。元代大内前方空间有限，除去拱辰堂、留守司等衙署外，没有其他重要建筑。明代紫禁城、皇城、大城依次南移，紫禁城前方大为拓展，利用这一拓展的空间，在中心御道两侧布置了太庙、社稷两组对称建筑，同时在承天门之前，开辟了“T”字形宫廷广场。广场两侧的宫墙外，集中布置了中央衙署，其东侧为宗人府、吏部、户部、礼部、兵部、工部以及鸿胪寺、钦天监；西侧为五军都督府。

六部衙门有五个位于中轴线的东侧，而皇帝的实际居所——养心殿，位于中轴线的西侧，这种看似不经意的不平衡，实际上暗示了皇帝对外臣的轻视和不信任。

因此，有明一朝，大权在握的并不是外臣，而是大学士之类的内臣以及宦官，和由宦官掌管的东厂、锦衣卫。

设置千步廊，并让办事机构尽量离紫禁城近一些，以利于朝臣上朝，协助皇帝处理公务，明朝在此方面，并无特别的空间贡献。

历代都让宗室聚居而处，因此，朱棣集中建设王府“通为屋八千三百五十楹”，把许多王邸设在皇城旁边，便于对各路藩王进行控制。

傅熹年先生认为，明北京的一个重要的空间创新，是确立了全城唯一的南北中轴线。新建的紫禁城在元宫基础上南移，但并没有与元大都的规划中轴线错位，而是保持在同一条线上。

但朱棣拆毁了作为元大都几何中轴线标志的鼓楼、钟楼和其东的中心阁，在原中心阁一线上建成了新的鼓楼、钟楼，南对景山及紫禁城。这样，全城就只有这一条穿过紫禁城基本上纵贯南北的规划中轴线，改变了元大都几何中轴线与规划中轴线并存的现象。

小结｜佛教空间与大钟寺

与他的父亲一样，朱棣也对佛教有着深厚的感情。

学者章宏伟说他一直在研读佛典，并将心得体会以序、跋、赞的多种形式记录下来，编撰出不少佛教著作。

朱棣对佛乐也有研究，永乐五年（1407）二月灵谷寺法会后，他“潜心释典，作为佛曲，使宫中歌舞之”。至永乐十七年（1419）秋，“御制佛曲”《诸佛世尊如来菩萨尊者神僧名称歌曲》成。他还有御制经序十三篇、佛菩萨赞跋十二篇。他还“阅释氏书，采往昔名僧功行之超卓者，辑为一编”，名《神僧传》，于永乐十五年（1417）正月刊行。

对佛的虔敬，也体现在皇城内的日常陈设上。因此，永乐朝的宫廷御用监设置了“佛作”，专门铸造佛像和佛事所用的法器，制作了大量的鎏金铜佛造像，主要有释迦牟尼佛、观音菩萨、文殊菩萨、佛母和护法等，造型端庄秀丽，衣饰繁复华丽，做工精巧细致，鎏金饱满肥厚，既为宫中内设佛堂自用，又作为珍贵的礼品赏赐给来朝贡的西藏各派宗教领袖。

佛寺的生产，是崇佛思想的直接体现。

永乐十八年（1420）三月，朱棣下令“北京建两座大寺，选聪慧的僧人住持”，但目前学界还没有考证出当时建的是哪两座大寺。学者何孝荣认为，大善殿应为明朝永乐年间仿南京大善殿而建。何孝荣研究发现“汉经厂、番经厂、西天经厂、英华殿、隆德殿、大善殿、弘庆殿以及乾清宫、文华殿等，基本上是明初时新建，其佛像以及其中的佛教法事一直延续到明朝后期乃至明末，可以说是皇宫中常态的、制度性的佛教建筑、准佛寺”。

从空间分布来看，明代北京的西城、南城佛教寺院最多，分布最为密集，中城、东城、北城佛教寺院相对较少。明代北京五城有名可数的佛教寺院计 786 所，加上宫城、皇城中的准佛寺 22 所，数目达到 800 所，如果加上被拆毁的尼僧庵寺，明代北京的佛教寺院总数超过 1400 所。

明代北京最显眼、最著名的佛教器物，当属一件铸满经文的大钟。

《帝京景物略》记载说，这口大钟是朱棣命姚广孝（即道衍禅师）监督铸造的。铸造地点在汉经厂（德胜门内鼓楼西侧的铸钟厂胡同，遗址已湮没）。钟铸好后，先挂在宫中，万历年间移置于西直门外万寿寺悬挂。

这座大钟身内外铸有各种汉文和梵文的佛教经咒近百种，其中，汉文经咒共有 7 部佛经、9 项佛咒，字数约为 226257 字，另有御制年款 9 字，总数约 226266 字；梵文则有 100 多项藏密佛咒，约 5400 字（音节）。两种铭文总共约 231666 字。

这口大钟是世界上铸有文字最多的大钟，永乐帝御制的《诸佛世尊如来菩萨尊者神僧名经》，其前 20 卷 10 余万字铸于内、外钟壁的主要部位，以起到一种示范效应的纪念碑功能，进行“诸恶莫作，诸善奉行”的教化。

学者章宏伟说，通过这口大钟，明朝皇帝把佛教和政治相结合，使佛教服务于政治，服务于“大明永一统”的理想。《金刚经》里有一句名言：“如来说一切法，皆是佛法。”永乐帝的政治思想以佛法形式表现出来，使世俗法转换成了佛法。

总之，明代北京的空间生产具有很强的封闭性，这也因此导致了内廷政治再度兴起。

凄风秃树吼斜阳，尚作悲声配国殇

三山五园：都城园林的权力哲学

北京园林空间的出现，是女真人空间权力的一次扩张，皇帝所到之处，权力随之向此地延伸。同时，园林也是一种文治武功的夸耀，一种权力的炫示，表明皇帝的权威不止在皇城之内，它还通过其他固化的方式，向北京四处蔓延。

现在，到了北京再度成为“征服王朝”的时期。

如果追溯北京作为都城的历史，就会发现，在以往的岁月烟云中，北京多是少数民族建立的王朝用来做首都的。明朝则是先南京，然后迁至北京。

1644 年，李自成率领的大顺军攻陷北京，崇祯帝在“万岁山”自杀殉国。驻守山海关的明将吴三桂降清后，多尔衮指挥八旗兵，以吴三桂为前导，兼程入关，击败大顺军，进占北京。

在都盛京还是都北京的问题上，多尔衮力排众议，确定清迁都北京。

髡首习俗与身体驯化

女真人入主中原，就开始了对原明朝各民族的驯化。

清史专家阎崇年把女真人的一系列行为，归纳为圈地令、剃发令、投充法、逃人法、禁关令以及屠城令，也笼统地称之为“清初六弊”。

其他“五弊”，暂且不提，只说一说剃发。

早在金朝，女真人占领中原以后，也实行了剃发令，与清朝的剃发令差不多。

剃发之于女真，是一种民族习俗，但对于汉民族来说，则是一种侮辱。所以有许多明朝旧民选择了慷慨赴死，宁愿舍生而取发。

头发为何对中国人那么重要?

这与中国人的传统刑罚有关。暴秦死刑与肉刑都多如牛毛，汉承秦制，刑罚亦烈。随着文明水平的提升，死刑减少，代之以肉刑。公元前 167 年，除宫刑之外的所有肉刑都被正式废除。黥面被髡首（剃头发）、带枷以及服役取代。劓刑和刖刑被鞭刑取代。也就是说，髡首（剃头发）是一种罪刑，让明朝旧民平白剃头发，等于变相判其有罪。

公元前 156 年之后，鞭打的数量和笞刑的力道都大为减少，公元 2 世纪 20 年代，宫刑被永远废止，但髡首，则一直伴随刑罚，成为罪犯的标志。汉朝规定，被判五年苦役的男子会髡首，戴铁项圈。被判四年的，则只需剃去络腮胡和鬓毛。也就是说，髡首是罪人的象征，并以此作为标志把罪人与普通人中区别开来。髡首作为一种犯罪标志，在两汉一直沿用。流传甚广的曹操以发代首的故事，有其法律上的来由。某种程度上，割掉头发（或须发）确实可以代替刑罚，对于曹操这样的大人物，甚至可以代替死刑。

因此，也就不难理解明朝旧民对于头发的态度了。对于他们来说，头发（包括须发）即尊严，即体面，即清白。无辜被加害，从清白之身变成有罪之民，不如去死，以维护名誉。

让我们还是回到清朝的都城空间建设上来。

皇宫的“旗化”：居住习惯的改变

在物理空间上，女真人未对北京做大的改变，基本沿用了明朝故都，但在文化空间、居住空间方面，还是把女真人的生活烙印，用心地植入在北京城的各个角落。

其一是改名。

女真人入主北京以后，重修三大殿，皇极殿、中极殿、建极殿分别改名称，叫太和殿、中和殿、保和殿。

把大明门改为大清门。

皇城的正门承天门，重修后改叫天安门。

皇城的后门北安门，改叫地安门。

总之，通过改名来体现其文化意志、统治理念及对未来的某种期盼。

其二，是用女真人的生活习惯改造皇城。

以目前故宫对外开放的坤宁宫为例。明朝时，坤宁宫的门开在正中，到了清朝改成门向东开。正门设在东次间，而不在正中央，门为板门，完全是东北民居的升格版。

与明朝最大的不同，是宫内放置了三口大锅，祭祀时用来煮肉，还放置了一个大的木头案子，在宫内杀牲后，奉在案子上进行祭祀。每逢大年初二，会有一次大祭，皇帝会带着王公大臣一起参加祭神的活动。祭神活动结束，皇帝和大臣们一起在这里吃肉。

坤宁宫三面都是炕，分别是坤宁宫的正堂北、西、南三面，叫万字炕，遇有祭祀，皇帝和皇后要坐在炕上吃祭肉。

按女真人旧俗，西炕只用来放供桌，不睡人。

坤宁宫背后西北角，西暖殿的后面有个烟囱，这是满族特色，明代的紫禁城里没有一个烟囱。

著名历史学家阎崇年先生说，坤宁宫前头东南角有一个杆子，叫索罗杆子，就是满族祭神、祭天的杆子，现在这个杆子没有了，沈阳清宁宫前头还有。这是满族文化的一个重要的标志和象征。

凡此种种，女真居住者根据自己的生活习俗、民族信仰都进行了改造，以适应这座前统治者的宫殿。

其三，是从空间上做了民族区隔。

学者赵世瑜、周尚意认为，女真人入主北京以后，把原住在内城的汉人尽行迁出，把内城变成了旗人社会，在空间安排上，体现出内外、远近的亲疏差别。比如镶黄旗居安定门内，正黄旗居德胜门内，皇帝自领之旗居北方，取以高驭低之势；除两白旗分居东直门、朝阳门内，两红旗分居西直门、阜成门内以外，以关系较远的两蓝旗居崇文、宣武门外，与南城的汉人社会直接毗邻。可以联系起来思考的是，多尔衮起兵入关时，以所属两白旗为主力，结果入关后叙功时，两白旗贵族尽在前列。此外，各旗下满、蒙、汉军又依次由内向外排列，大致满军在内，蒙、汉军在外，同样有以内驭外的考虑。

原来住在城里的汉人，大部分搬到了南城，就是崇文门、正阳门、宣武门以外。这里，贫民居多，市声嘈杂、人声鼎沸，给搬至此处的汉官与知识分子造成很大的困扰。如康熙时大学士陈廷敬“初寓宣武门东街，与湘北少宰比邻”。因此，在外城的北部，形成了一个“宣南”士人群体，他们比邻而居，经常聚会。

学者赵世瑜、周尚意认为：南城，特别是所谓“宣南士乡”，是汉族士大夫寓居和互通声气款曲的地方，所谓“吾老欣同巷，归休原息关”。很多宅院都是不同时期的名人雅士接续居住，或者相互引介租住。

需要指出的是，偶有皇帝信任的侍讲之臣，如张英、高士奇、朱彝尊等，都曾得到皇帝的信任和宠幸，赐第于皇城之内，位置大体在西华门或东华门外。但这些幸臣可能自知难以融入以满族权贵为主的内城，一旦去职，马上搬离，比如朱彝尊去职后，立即移居琉璃厂附近的海波寺街。

空间上的民族区隔，让满族权贵成为真正的都城拥有者，这样的状况，在中国历史上还是第一次出现。

套用美国当代批评理论家爱德华·赛义德的话，通过政治空间的形成，居住空间的划分以及空间的政治组织相关的物质形成与想象过程，就可以解读清朝的实质，是一种殖民主义性质的霸权。他们有意通过空间的划分来制造隔离，通过空间来区别阶层和身份，同时把不同的阶层固定在持续的地理位置上。

事实证明，通过不断强调民族优越与统治身份，女真人成功地把自己区隔开来，无论内忧还是外患到来的时候，都难以获得其他民族的同情之帮助，最终在晚清演变成以“驱除鞑虏，恢复中华”为口号的具有民族特点的革命。

园林生产：北京城市空间的隐逸化

女真人对北京城市空间的贡献，在于园林。

阎崇年先生认为，女真人建设园林的最初动机，并非空间审美，也不是出于城市的诗意，而是从寒冷的东北来到较为温暖的北京之后，气候上的不适应。

先是多尔衮说不行，太热了，要修一个避暑城，到康熙时更明确了，避暑山庄，修一个山庄。天一热了，就到山庄去。又避暑，又围猎，又便于北方少数民族来朝贡、盟会，又便于军队习武。这样清朝在北京大肆兴建皇家园林。

但从东北来到北京的清朝开国者们，并没有立即大规模建设园林，只是在北海太液池南部的琼岛南坡修筑了永安寺，在中海、南海附近及沿岸增添了一些殿宇而已。

所以说，阎崇年先生的推测并不成立。

清王朝兴建园林的第一个高潮，是康熙皇帝时期。

康熙皇帝生在北京、长在北京，对温度不像他的祖辈多尔衮那么敏感，兴建园林，还是经济发展、政治稳定之后的文化需要。

平定“三藩”，天下初定，康熙开始了多次南巡。江南的名园胜迹，触动了他的心灵，康熙中期以后，清王朝开始了大规模的造园活动。

康熙十六年（1677），康熙在北京西郊建造了香山行宫。之所以选择香山，因为这里有山有水，到了夏天，温度较低，确有避暑之效，同时还能骑射。“不忘骑射”，一直是女真人入主中原之后的核心政治理念，因此，一方面控制东北，不允许汉人移民进入东北，保留他们祖居之地的纯粹性；一方面，时刻不忘骑射才是他们获得政权的主要工具，一旦忘记骑射，就有可能失去统治。

康熙十九年（1680），康熙在北京西郊又建造澄心园（后改名为静明园），此处与香山行宫一样，往往只是“质明而往，信宿而归”。也就是说，由于规模不够大，配套设施不完备，皇帝只是匆匆而来，匆匆而去。

康熙二十九年（1690），清代第一座规模巨大的苑囿畅春园开始兴建。

畅春园并非在一片白地上凭空而起，而是在明代李伟所建的清华园（或称李园、李皇亲园、李戚畹园、李戚畹别业）上增建。营建过程中，画家叶挑参与规划，江南造园名匠张然主持施工，使园景呈现出江南山水的特色。

《燕都游览志》记述道："武清侯别业，额曰清华园，广十里，园中牡丹多异种，以绿蝴蝶为最，开时足称花海。西北水中起高楼五楹，楼上复起一台，俯瞰玉泉诸山。"

《明水轩日记》则如是记述："清华园前后重潮，一望漾渺，在都下为名园第一。若以水论，江淮以北亦当第一也。"

康熙帝十分钟爱此园，常驻畅春园，"计一岁之中，幸热河者半，驻畅春园又三分之二"。

直到康熙四十二年（1703），女真人才在围场至北京之间营建了清代最大的行宫御苑，即避暑山庄。

雍正皇帝较为节俭，终日忙于朝政，无暇顾及游玩，执政时只建有圆明园。

到了好大喜功的乾隆朝，清王朝的造苑活动又进入了一个全面高涨的时期。

乾隆向爱以祖父康熙为榜样，在出巡江南方面，也不示弱，江南秀山丽水以及人造园林的绮丽精巧，给他留下了深刻的印象。

乾隆三年（1738）扩建“放飞泊”南苑，此处原为蒙古人的近郊狩猎场，地势低洼，常年积水，汪洋如海，取名“下马放飞泊”，当地人称“小海子”。蒙古人在这里设置了晾鹰台，蒙古皇帝和贵族常来鹰猎。元史记载：“春冬之交，天子亲幸近郊，纵鹰隼搏击，以为游豫之度”。

乾隆十年（1745）扩建香山行宫，后更名为静宜园。

乾隆十五年（1750）开始在玉泉山前的瓮山和西湖间兴建清漪园，并将瓮山改名为万寿山，西湖称之为昆明湖。

昆明湖原为北京西北郊众多泉水汇聚成的天然湖泊，曾有七里泺、大泊湖等名称。金定都燕京（改称中都）后，金主完颜亮看中了这块风水宝地，在此建造行宫。金章宗从西面的玉泉山引泉水注入，使之成为一处贮水地，称金水河。乾隆皇帝凿挖此处，扩大到明代的两倍，采用汉武帝在长安都城凿昆明池操练水师的典故，称此水为“昆明湖”。

乾隆十六年（1751）在圆明园东建长春园和绮春园，同时也在承德开始了避暑山庄的扩建改建工程。避暑山庄于乾隆五十五年（1790）正式完工。

乾隆十九年（1754）又在北京以东，蓟州盘山南麓建造了静寄山庄，即盘山行宫。整个山庄，占地6000余亩，分内八景、外八景、新六景，附列十六景，共三十八景，山庄建成后，清高宗乾隆皇帝驻跸30余次。

北京西郊一带，几乎到处都是皇家行宫苑囿，号称“三山五园”；北京城中则对明代御苑进行了大规模的改造，紫禁城中新增了建福宫西御花园、慈宁宫御花园、宁寿宫西路花园等，在明西苑之中又增设了静心斋、濠濮涧等园中之园。

北京园林空间的出现，是女真人空间权力的一次扩张，皇帝所到之处，权力随之向此地延伸。同时，园林也是一种文治武功的夸耀，一种权力的炫示，表明皇帝的权威不止在皇城之内，它还通过其他固化的方式，向北京四处蔓延。

小结 | “骑射国语”的时代荒谬

在对待蒙古人的问题上，清朝统治者发现了明朝的失误，并迅速改变了策略。美国人类学家巴菲尔德在《危险的边疆：游牧帝国与中国》中说：“清朝的政策变得积极主动起来，它将明朝的方法转变为一种将保守的游牧首领严格限制在某一地区，并使之成为庞大帝国组成部分的积极行动。每位小首领不仅通过朝贡关系，也经由联姻以及在清朝政府为官而与清廷紧密相连。雄心勃勃的游牧首领们将其精力投入到扩展清帝国疆域的行动之中。蒙古贵族将其自身利益与清朝利益视为一体。”

女真人对自己的统治从来都缺乏自信。他们随时做好了准备，一是避免像他们的祖先金朝女真一样，被汉族同化；二则严格对东北进行族群区隔，避免大量的汉人进入东北，使他们的发祥之地被动地让汉人同化。

有清一朝，他们始终奉行一个原则：行骑射，习国语。

远在女真人没有进关之前，这种唯恐被淹没在汉人海洋里的恐惧，就在女真人的脑海里萦绕。

北京大学历史系教授刘浦江指出，崇德元年（1636）十一月，皇太极召集诸亲王、郡王、贝勒及朝廷臣僚等读《金史·世宗纪》，对世宗维护女真民族传统的举动大加赞赏，并以此劝谕众人不忘满洲传统，他说："朕发此言，实为子孙万世之计也，在朕身岂有更变之理。恐日后子孙忘旧制，废骑射，以效汉俗，故常切此虑耳。"

国语即满语，当时称"清语"。骑射，是女真人得天下之本。有语言才有民族认同和文化认同，有骑射才有江山。

因此，历代清朝皇帝都竭力保此两个"民族特征"。

康熙二十年（1681），康熙皇帝为了在和平时期锻炼军队，在与内蒙古草原接壤的一处水草丰美的地方开辟了一个大型狩猎场，即木兰围场。以狩猎训练军队的骑射能力、沟通协调能力、组织配合能力，是成吉思汗发明的一种练兵方法。

每逢秋天，康熙皇帝就率领皇子皇孙、八旗子弟到木兰围场围猎，在具体的捕猎过程中，培养皇族与八旗子弟的骑射能力。

康熙皇帝据说曾在一天之内射杀了 318 只兔子，一生获虎153只、熊12只、豹25只、猞猁20只、麋鹿14只、狼96只、野猪133口……皇帝围猎，有若干将军、兵士协助，这些动物全由他自己猎获，也并不完全可信。

入关后，女真人规定8至18岁的爱新觉罗·塔克世直系子孙必须学习女真文字。女真人如果想通过科举获得政治上的升迁机会，一定要有过硬的女真语言能力。

顺治年间规定：女真人、蒙古人考试能通汉文者，翻汉文一篇，未能通汉文，只作清字文一篇也能过关。雍正初年，则增设了翻译秀才、翻译举人、翻译进士三个层级。这样他们凭着过硬的满语就可以谋得要职。

乾隆皇帝说："我朝满洲先正遗风，自当永远遵循，守而勿替。是以朕常躬率八旗臣仆行围校猎，时时以学习国语，熟练骑射。"

乾隆二十四年（1759），乾隆皇帝在《皇朝礼器图式》一书的序中再一次明确自己的观点："至于衣冠乃一代昭度……朕则依我朝之旧而不敢改焉……且北魏、辽、金以及有元，凡改汉衣冠者无不一再世而亡。"

乾隆三十七年（1772），乾隆皇帝又说："自北魏始有易服之说，至辽金元诸君，浮慕好名，一再世辄改衣冠，尽失其纯朴素风，传之未久，国势寖弱，洊及沦胥。盖变本忘先，而隐患中之。覆辙具在，甚可畏也。”

尽管皇帝一再怵怵惕惕，担忧女真人被汉化，但现实却不容乐观，乾隆皇帝多次哀叹：“身系满洲，而清语如此，能不愧惧乎？”“清语不熟，致失满洲体制，必为回子哈萨克诸部所笑。”“夫弃满洲之旧业，而功习汉文，以求附于文人学士，不知其所学者，并未造乎汉文堂奥，而反为汉人所窃笑也。”

嘉庆二十一年（1816），嘉庆皇帝下旨给内阁：“我八旗满洲，首以清语骑射为本务……我朝列圣垂训，命后嗣无改衣冠，以清语骑射为重。圣谟深远，我子孙所当万世遵守。”

道光七年（1827）的一则上谕说：“清语骑射，为满洲根本，人所应习。……各省将军、副都统等，其仰体朕意，将所属满洲官兵，教以清语骑射，俾各精熟，毋得渐染汉人习气，废弛满洲旧业。”

咸丰皇帝时，颁发了《八旗箴》，又特别强调这样两句箴言：“国语勤习，骑射必强。”

坚持“骑射国语”，确实是保持民族区隔，减少同化概率的一项有效国策。如果是金代女真人实行这一策略，或许真的如乾隆皇帝所言，不会“再世而亡”，但到了清代，反复强调“骑射国语”，恰是清亡国的首要因素。

在1840年之前，中国一直是一个前现代社会。其显著的特征是封闭性，包括生活地区封闭性和思想封闭性。而此时，西方已经进入现代社会，资本主义悄然崛起，一套新的国际规则正在形成，但天朝的观念仍然广泛深入地影响着清朝朝野。

在清朝人的眼里，中国仍然是世界的中心，甚至是宇宙的中心。中国为王，世界只是仆从，只能围绕中国来运转，并仰赖中国的鼻息生存并获得价值。

中国对世界的无比傲慢，错过了与世界共同进步的机会。

女真领袖本来是想保持民族的纯粹性，但这种努力，无意中让女真民族和清帝国共同走向了闭关锁国的误区，错过了与世界握手的机会、沟通的机会，也错过了与各国共同制定规则、走向国际社会的机会。

所谓“落后就要挨打”，首先落后的是统治阶层和民众的思想，其次是军事，再次才是经济。当时中国的经济状况并不差，GDP 占比在全球并不落后。

近年，也有种种论调说，女真人是骑射功夫不行，才丢掉了江山，其实大谬：骑射再强，快马硬弓也打不过大炮火枪。

女真人的失败，在于整个世界前进了，而他们还站在原处顾影自怜，并扬扬自得。

进行民族空间区隔以炫示武力，进行文化空间区隔以避免同化，设置地理空间区隔以保障安全，设置思想空间区隔以满足天朝上国的自卑与自尊，都是女真人不安全感的表现。正是这种不安全感，让清朝灭亡，也让中国有机会走向现代社会。

塞上秋风悲战马，神州落日泣哀鸿

空间西化：公园与大学装点都城

广场、大学、公园、医院这些新空间的出现，让北京变得更具现代性。正是通过这些新空间的生产，北京成为一座现代化的都市。

北京的空间改造，始于民国。

帝制已崩溃，代表帝制的都城空间也必须体现新的政治意涵，对代表皇权的内城进行空间改造，消除空间区隔，以消除空间霸权，维护空间正义，就是一个典型表现。

消除特权，实现交通正义

女真人善于利用空间来制造民族区隔，通过空间占有来制造社会阶层。也就是说，在女真政权里，资本的作用在空间秩序方面降到了次要位置。不管你多有钱，都甭想挤进女真人的居住空间，即内城。

女真人利用空间感来维护社会秩序，维护皇帝尊严和权威。这种秩序感通过复杂的空间占有来维护威权层级，比如，有清一代，在皇帝大婚时，只有皇后的轿子才能通过“棋盘街”，从大清门进入紫禁城。而其他嫔妃的轿子只能通过紫禁城后门——神武门进入宫内。

大清门内是皇家御道，除皇帝、皇后、皇太后的龙车凤辇外，其他官员只能步行通过，而平民百姓则不能进入。

权威在某种程度上，正是通过空间的占有来体现的。这与秦始皇的空间霸权思想极其相似，空间即权力，对于皇帝和皇族来说，通过空间来展现威权，是另一种更加隐秘的皇权强化形式。

为了制造森严的秩序感和安全感，女真人的皇城四周均筑有高大的红墙黄瓦的城墙，四面仅有天安门、地安门、东安门、西安门四座对外的城门。

北京历史学者陈溥先生在《京城百年间经历四次大改造》一文中写道："东西仅一条通道，即紫禁城后门神武门与景山前门之间的通道。但两门之间还有北上东门、北上门、北上西门三座门相隔。往东，行不远即无路可通。往西，在大高玄殿前有三座高大的牌坊。北海与中海之间的金鳌玉蝀桥很窄，过桥后地安门内大街也不宽，且路两旁大树夹持，可见这条通道并不适宜通行。南北通道有两条：紫禁城东边的南、北池子与西边的南、北长街。它们与紫禁城仅咫尺之隔，只是幽静的小街。这两条小街到达南皇城墙即被堵住，不能再通行。"

1912年，在南池子和南长街南端的皇城墙上各开了一大两小三个券门，打通了两条皇城通向东西长安街的通道。接着，打通南池子与南长街南口，同时打通灰厂街（今府右街），在西长安街上又增加了一个出口。

改造的目的，是破坏皇城的整体空间，使之从封闭走向开放，从隶属于皇帝个人走向服务于公众。

在皇城的北侧，民国政府也派人打开了通路。一个开口是皇城东北角的翠花胡同，另一个开口则在北皇城墙现地安门西大街厂桥附近。

翠花胡同是王府井大街北段西侧的第一条胡同，西至东皇城墙。在这里打开通道后，从皇城可直达王府井大街。

厂桥开口打开后，皇城可直通德胜门内大街，直达德胜门。

陈溥先生说，当时，在中南海南墙上也没有门，墙内是宝月楼。袁世凯窃取大总统职位后，将中南海作为总统府。按中国传统，府邸的正门要开在南面，于是将宝月楼下层当中三间打通，改建为大门，又将挡在门前的皇城墙扒开一段缺口，加砌了两道八字墙，使缺口与大门衔接。在门内加建了一座红墙黄瓦的大影壁，以遮挡外人视线。改建后的宝月楼被命名为新华门，为中南海开通了一座通向西长安街的大门。

新华门的名称，也通过传统中国的语义文化表达了新政权与旧政权存在着差异，至少提醒了人们旧朝代过去了，现在是一个新的时代，新的中华。

1914 年，在北洋政府内务部总长兼京都市政公所督办朱启钤主持下，北洋政府对北京内城进行了首次现代化改造，改造的第一步，即实现交通正义。

皇城改造的另一个大动作，是拆除了长安左门、长安右门两侧的皇城墙，打通了天安门前的东西通道，使东西长安街贯通一气，北京城的另一条横贯线便形成了。

朱启钤还拆除了中华门内的千步廊，将拆下的木料用来建设北京的第一个公园——中央公园。在皇城附近建设公园，也是空间公共化、民主化的重要表征。皇帝的私家居所，成为开放的公共活动空间，则皇权的瓦解不言自明。

1924 年北京开始通行有轨电车，有三条路线通过广场及东、西长安街，服务城市市民的交通正义，再一次解构了皇家独占的垄断空间。

到了 1927 年，北京的皇城墙只留下了南城墙，其他三面均被拆除。

现代城市观与龙脉风水的争斗

平民化的北京内城，正在向现代城市演进，原有的威权秩序正在崩溃，交通正义压倒了威权需要。围绕交通正义，政府再次对传统皇城结构进行了改造。

帝国倒塌，原有的空间等级秩序随之被打破，空间的平等意识成为民国时期的新追求。

王谦先生认为，如果说帝都北京的空间结构体现了帝制皇权的威严与至高无上，象征着专制旧文化，那么国都的改造则是要通过解构这种帝制空间，利用国都“首善之区”来代表国家的政治定位，体现民国新政体所蕴含的民主、共和新理念，同时给国民提供一个新时代的生活愿景。可以说，国都北京空间改造计划与空间开放运动的努力，表明民国政府欲通过对城市空间的改造承载新的意识形态的目的，即通过打破旧的封闭结构宣传民国的新观念、新思想，宣传崭新的政治理念，这也是民国初年北京现代市政建设的主要动力。

正阳门改造，疏解这一区域的交通压力，打破原有的空间垄断，实现交通正义，是民国政府的首要任务。

明代前门大街是正东坊和正西坊的分界线，又因正阳门是京师正门，所以，正阳门前门比其他城门宽。

明代北京突破了元代“前朝后市”的旧制，在正阳门周围以及南到鲜鱼口、廊房胡同一带形成了大的商业区。明嘉靖以后，各地会馆蜂起，在前门大街两厢，到处可见外地来京的举子，他们常到前门大街来购买生活用品或饮酒作乐，随着人口的增加，消费需求也大为增加，正阳门一带的商业街也因之繁华。

到了清代，汉官住外城，汉人也多居外城之外即城南一带，正阳门更是内外城之间的交通要道。

正阳门是内外城交通的重要枢纽，当时狭窄的城门洞和封闭的瓮城成为瓶颈，造成交通拥堵。随着前门外商业的日益繁荣，瓮城东、西的荷包巷成为临时集市，商民支棚架屋，严重阻碍交通。1900 年后，京奉铁路与京汉铁路相继延伸至正阳门，在正阳门瓮城外东、西各建成车站。前门外交通量更是数倍增长，交通拥堵如雪上加霜。

改造正阳门虽然有着诸多的正义理由，但旧的思想观念仍然影响着许多人，他们借口正阳门关乎一个城市的兴盛，关乎一个国家的长久，认为改了正阳门，就会斩断北京龙脉，破了风水。一旦如此，建基于此的政权会出现问题，整个城市的商业也可能会一蹶不振。

好在北洋政府不是清朝的翻版，最终批准了改建计划。

正阳门地区改造工程主要包括：拆除瓮城及闸楼，将原来封闭的瓮城变为开阔的场地，在箭楼两旁修建了马路；在原月墙与城墙交界处，东、西各辟两门，新筑两条各宽 20 米的马路并开辟了人行道，修建排水暗沟；迁走拥挤杂乱的荷包巷内的商户；拆除了正阳门与中华门（清代称大清门）之间的棋盘街，铺设了石板地面。

王谦先生认为，面对北京封闭的城市空间结构，打破原有封闭状况成为北京现代市政建设的基础。于是，在以市政公所为代表的政府机构的主导下，开展了“国门”正阳门的改造、拆改城内的皇墙与城墙、修建环城铁路、兴办有轨电车等一系列现代市政工程，使封闭的城市空间结构部分解构，并被新的开放式空间结构所代替。

在王谦先生看来，从帝都到国都，城市身份的转变使塑造国都形象和改变城市空间结构成为政府与民间舆论的一致追求。在帝制倒台、共和新立的时代背景下，在全球工业化的国际形势中，时人塑造国都形象的努力必定只能从城市现代化建设着手，以期建设国都新面貌，展现国家新形象。

配合正阳门的改造，还对正阳门箭楼进行了改建。因为聘请了德国建筑师罗斯凯格尔主持改建，所以，箭楼的整体风格在保持中国古典风韵的同时，也融入了西洋意趣。

中华建筑话语不再是北京城的唯一建筑语言，西方语言的进入，也表明了北京在向全球开放。

按照朱启钤的设想，还准备进一步改造南北新华街，使北新华街与城外新建的南新华街连成一线，形成一条沟通内外城的南北干道。

但由于种种原因，这一计划在当时没能得到实行。直到1926年，国民军将领鹿钟麟出任京畿警备司令后，才下令将南北新华街阻断处的城墙打通，开辟了两个门洞，分为上下行通道，命名为和平门。和平门的开通，在内城南墙上又增加了一个通道，方便了内外城的交通。

民国北京新空间——大学

北洋政府成立后，开始对北京进行现代化改造，即把皇帝个人的城堡，变成一个人群共有的城市。因此，建设者们对城市的美好景象进行了想象和建构。根据西方经验，大学必不可少地出现在城市之中。

王朝的都城，正在改造成“人民的城市”，作为新空间，大学被城市所形塑，同时也反过来形塑着所在的城市。

即便福柯和哈维，也没有单独把大学当成一个具有“异托邦”性质的空间来予以深刻分析。

大学作为一个社会空间，生活在其中的人，存在着若干差别，他们的成长背景、文化空间、社会状况、民族所属、语言种类与宗教信仰都大不相同，所以，可以认为大学是一个异域空间的集合体。

北洋政府时代的大学不再像传统社会的“学校”一样，单纯是一个谋取名利的场所，而成为一个特殊的文化空间，生产着知识、意识形态、权力，同时对社会进行文化和知识影响，并最终通过知识权力、社会动员能力，参与社会治理，成为一种不可忽视的政治力量。

大学，像福柯所说的“花园”一样，既是一种文化图景，也是一种文明参照。或者可以说，大学像古代波斯人的花园一样，是一个非常神圣的地方，大学根据现代知识权力体系构建了自己的独特景观，形成了作用于人的头脑之中的微型宇宙。同时，大学对社会的影响，又使大学的思想和文化空间向社会延展，成为花园的衍生物，大学变形为一种新的思想和意识形态堡垒。人们把社会改造的愿景，寄托在大学里的学者身上，学者们也认为自己有这样一种责任和能力，通过思想革命和知识革新，重塑一个全新的社会。

如果我们可以把福柯的花园比喻，恰切地用在北洋时期的大学上，则彼时的大学，也成为一种给人以幸福感并透视全宇宙的“异托邦”。大学里风云际会，生产着革命者和建设者，也肩负着对社会改造的重任。

中国最早的大学，是“京师大学堂”，但当时的“京师大学堂”并非一所现代意义上的大学。庚子之变，义和团在刚毅“学堂皆养汉奸之所”之说的煽动下，发出揭帖（传单）：“二十九日，将拆毁同文馆、大学堂等，所有师徒，均不饶放。”义和团冲进“京师大学堂”抢掠，管学大臣许景澄与太常寺卿袁昶在御前会议上慷慨陈词，要求取缔义和团无法无天的活动，保护使馆、学校和铁路。因怪罪洋人，进而迁怒一切与“洋化”有关的事物，西太后竟然下令将许、袁二人诛杀。

因此可见，中国早期的大学并非单纯的学习之所，而是已经掺杂了意识形态，成了一个现代化的标志物，或者变成为一个“西化的空间”。

1912 年民国成立以后，京师大学堂改名为北京大学，由严复出任第一任校长。

由于北洋政府经费短缺，北京大学也负债累累，加之教育部官员与严复多有龃龉，率尔下令停办。严复据理力争，在陈述北京大学不可停办的理由时说：“今世界文明诸国，著名大学多者数十，少者十数。吾国乃并一已成立之大学，尚且不克保存，岂不稍过？”他又说：“江浙各省及湖北武昌，亦方议建立大学，北京既称国都，反出行省之下，本末倒置，贻诮外人，此则停办大学之未可。”

在严复的眼里，大学是一个现代国家所必备的公共空间，同时，也是首都所必备的文化空间，象征着社会进步，也代表着时代开明，而北京大学的存在，确实担负起了改造中国社会的重任：大批的革命者和建设者从北京大学走出，中国共产党的早期领袖多出自北京大学，新中国的主要缔造者毛泽东也曾为北京大学职员。“五四”运动的干将们，也多为北京大学的学生，大学不但成为学习知识的空间，也成为思想燃烧的空间。

北京大学旧址，“旧为公主府，乾隆时和嘉公主赐第也。内城不得建楼，惟府内有楼，可与宫闱相望”。

北京另一所成立较早的大学，是清华学堂，是利用美国返还的庚子赔款建造的，费用是全部庚子赔款的 30%。

清华大学所在的西郊清华园，是惇亲王绵恺的私家园林，外务部为游美学务处上奏获得此地建设肄业馆，后改名为清华学堂，1911 年开学，1912 年又更名为清华学校，1913 年清华学校将近春园等地并入，发展成为今日之清华大学。直到

1928 年，清华学校才改称“国立清华大学”。

近春园，是瑞亲王绵忻的私家园林。

值得指出的是，北京大学与清华大学，均是征用清朝皇族府邸，这也说明，在改朝易代之际，空间的变幻，经常带有革命色彩。旧王朝贵族的私家园林，并没有成为新朝权贵的私邸，而是用于公共事业，成为公共空间，北洋政府的政权性质与清朝的分别，借此可窥一斑。

教会的渗透，不但通过医院，还有的则是通过大学。

1919 年开始筹办的燕京大学，是由美国长老会、美以美教会、公理会、美国女公会、英国伦敦公会等若干教会合办的。教会大学的校园，仍然来自清朝贵族，与北京大学等官办大学的区别是，校址并非征用，而是收购。

资本对空间威权，在这时已经显现——在清朝，空间只从属于权力，而资本绝对处于附庸位置。除非权力愿意，否则资本就没有可能对城市空间产生影响。

在收购了若干清朝贵族的私家园林后，司徒雷登请了美国设计师墨菲，在园林基础上以中式建筑为主体，结合参照了西式建筑，建造了燕京大学。

收购贵族私邸或园林，改造而成大学，是北洋政府时期北京创办大学的一股潮流。

另一所教会大学辅仁大学，购买了庆王府和涛贝勒府，把恭王府作为辅仁大学女生部。

有了大学的存在，北京虽然一度失去了都城的身份，但依然光华难掩。大学成了舆论传播场、思想扩散地、活动策源地，大学不只是静态的知识摄取之地，而是一股政治力量，某种程度上影响着当时的政局。深刻影响着中国近现代思想流变的“五四”运动，就是由北京在校大学生发起的。

受西方教育理念的影响，为满足运动的需要，各大学都设置了运动场，而“运动场”也渐渐演变成了舆论场，影响着大学的政治环境。在“运动场”里接受政治传播的大学生们，又把这种空间习惯，向整个城市延伸，城市广场也变成了一种现代政治需要，成为一种新的城市空间。空间开放还只是北京现代化进程中的第一步，只有对城市空间结构进行深层调整才能在更大程度上改变城市的生活方式。

民国北京新空间——广场

北京城大学的空前繁荣，也带来了城市景观的改变，比如，大学里的操场，就演变成了政治空间。校园内一些重要的集会，都在操场上完成。群体意识的形成与群众力量的显现，操场都是作为一个政治空间而不单纯是体育空间出现的。正如苏贾所说：“如同人类成就了自身的历史一样，人类同样成就了自身的地理。社会进程在塑造空间性的同时，空间性同样在塑造着社会进程。”

人们生产了大学，大学生产了操场，但操场、大学反过来影响着他们的生产者，影响着整个社会文化与政治。大学、操场与广场，这些新的城市空间，不只是改变着北京的地理面貌，它也还改变着北京的政治面貌和文化面貌。

我们如果站在这样的立场上看待北洋政府时期北京的空

间生产，就会明白的确如苏贾所说："空间性、社会性及历史性共同成为人类社会的基本因素，并无天生优劣之分"。

广场本质上是一种政治景观，是社区中的个体参与公共活动、参与社会，并显示其角色的场所。

在个体并不存在的传统中国，广场这样的空间从未出现过。虽然我们也有"集市"，它与"广场"的某些功能相近，但"集市"缺少了民众介入政治的功能，因此，与西方的"广场"不能同日而语。

作为西方文明象征的广场，最早是古希腊人聚集在一起议政、交往的社会活动中心。古希腊的政治集会广场阿戈拉和意大利罗马集会广场，构成古代都市政治、经济、宗教活动的中心，也是国民行使权力的舞台。

国都时期初年，民国政府先后改造、开辟了天安门广场、中央公园与中国近代早期官办博物馆——古物陈列所三处新型公共空间。这三处空间曾共同组成了明清时期北京的核心权力圈，但进入民国后均遭解构，由封闭走向开放。新型公共空间的开辟进一步拓宽了北京公共空间的结构，使象征皇权、等级制度等旧有封闭空间的瓦解继续深化，民主、共和的时代观念深入人心。

由于朱启钤对皇城前一系列建筑的大胆拆除，封闭了几百年的皇城才首次实现了交通正义，天安门前面才首次出现了大的空地，成为一个“广场”。

“广场”并不是一个有意为之的地理空间，而是一个被动的客观存在，即实际上这是一个清理正阳门地区所形成的附属品。

1919 年 5 月 4 日，数千学生云集天安门广场附近，打出“外争主权，内惩国贼”等口号，要求政府做出回应，“五四”运动爆发。此后，北京的学生游行示威，几乎必去天安门广场，自此，这里变成了一个政治空间。

民国北京新空间——公园

在朱启钤手上，还产生了北京城的第一座公园。

1913 年，隆裕皇太后去世，国民政府决定在太和殿公祭三天。正是隆裕皇太后签发了清帝退位的诏书，所以，民国政府对其礼遇有加。袁世凯感念隆裕有“让国之德”，命令全国下半旗志哀，并特批 200 万元专款给隆裕风光大葬。

隆裕身后极尽哀荣，无论是革命派、保守派、各国使节，还是念着老礼儿的北京市民都来吊唁。为了保证会场安全，时任交通部长朱启钤担负起维持秩序、疏导交通的重任。趁着巡视会场的机会，朱启钤把午门、端门、天安门左右朝房和太庙、社稷坛，里里外外看了个遍。在前清，这些皇家禁地别说是一般人，就连曾做过北京巡警厅厅丞的朱启钤也从未涉足过。巡视中，朱启钤被古柏参天、环境清幽的社稷坛吸引住了。

《北京日报》上的一篇文章说，当朱启钤来到社稷坛时，发现这里“遍地榛莽”“荒秽不堪”，园中“坛户”们甚至还在园子里种植了苜蓿，放牛放羊。好端端一个园子如此荒废，不免可惜。朱启钤思量，如果能把它利用起来，辟为公园，岂不甚美?

开辟公园的想法早些年也有人提过。1906 年五大臣出国考察归来，端方、戴鸿慈等大臣就曾向慈禧太后上折子请求次第开办图书馆、博物馆、万牲园、公园等公共设施。“公园”姓公，是百姓们聚集游玩之所，但北京城是天子所居之地，打破空间垄断，重新建构空间秩序，在慈禧看来，仍然是不可实行的事情。

北京史地民俗学会副会长王炜说：“近代公园最本质的特点是公众性和平民性。为了表现中国已经开始迈入现代国家之列，北洋政府对于兴办公共设施，有很大热情。”朱启钤认为社稷坛“地址恢阔，殿宇崔嵬，且近接国门，后邻御河，处内外城之中央，交通綦为便利”，非常适合开辟成公园。虽有此心，但时机尚不成熟，社稷坛当时还是清皇室的私产，朱启钤只能耐心等待。

不过，把清朝的“社稷坛”改成公园，让这个昔日的祭祀场所，变成公众游玩的娱乐空间，表明打破空间的阶层属性，已经成为时代潮流。

对此，在 2013 年 4 月 11 日《北京日报》上发表的《朱启钤与老北京变身记》一文说 :“第二年春，热河行宫古物运到北京，无处安置。已调任内务总长的朱启钤自告奋勇与清室交涉。按照《清室优待条件》的规定，清室本该移居颐和园，可是溥仪家当太多，暂时不便移居。于是经过交涉，清室同意将三大殿以南除太庙以外的各处，划归民国政府管辖，以便在各殿阁安置古物。清室改由神武门出入。这么一来，社稷坛归了民国政府，朱启钤开辟公园的梦想就要成真了。”

1914 年，时任北洋政府内务总长的朱启钤发动绅士、商人捐款，决定将社稷坛开辟为公园对外开放，以方便民间开展各项文化娱乐活动，并把它命名为“中央公园”（今中山公园），又名“稷园”，创设董事会，自己出任董事长。

随后，朱启钤把改建正阳门时拆除天安门对面千步廊的木料用于公园建设，还亲自规划指挥，不仅节约了开支，更使旧料得到充分利用。朱启钤对园中的千年古柏爱护有加，逐一造册登记，并安排人员对它们进行妥善管理，这些古柏至今仍郁郁葱葱，成为公园中著名的一大景观。据考证，中央公园是北京城内最早开放的一所公园。

但事实上，在北京建设一处公园，很可能是另一种政治需要。

“公园”一词来自日本，1903 年留日学生在《浙江潮》上介绍日本公园后，次年，《大公报》在报道南京建公园时就全部使用“公园”一词。

此前，“公园”这一词汇所代表的公共活动场所，被称为“公家花园”，早在 1868 年 8 月，即由英租界工部局在上海外滩建成开放。上海也由是成为近代中国公园的发源地。继外滩公园之后，外国人在上海又新建了十多个公园，“西人挈眷携童游赏”。公园成为十里洋场的标志性空间之一。

咸丰十年（1860），天津辟为通商口岸。从 1880 年至 1938 年，英、法、日、德、意、俄等租界先后修建了 10 座具有各国象征与文化特色的公园。

德国、日本租借的青岛，建设了 15 个公园。

列斐伏尔指出："空间一向是被各种历史的、自然的元素模塑铸造，但这个过程是一个政治过程。空间是政治的、意识形态的。它真正是一种充斥着各种意识形态的产物。"

学者陈蕴茜认为，公园作为一种人造的空间，同样体现历史与自然元素的模塑，折射出西方工业化后人们寻求新型娱乐休闲空间形式的特性。但由于近代租界公园是随殖民主义进入中国的，因此，其独特的空间建构与中国传统园林有着本质区别，体现出中西文化及意识形态的差异与冲突。陈蕴茜说："西式公园的重要属性之一是公共性、公众性与休闲性，因而一般占地面积较大，在空间布局上强调视野开阔、舒适明朗，普遍以草地、绿树、花朵、喷泉及西式凉亭为主要景观，迥异于私密、精巧的中国官家或私家园林。"

学者陈蕴茜经过研究考证，在《日常生活中殖民主义与民族主义的冲突——以中国近代公园为中心的考察》一文中写道：上海最早的花园"细草如茵，落花成阵。芊绵葱翠，一望无垠"，天津最早的公园"地广百数十亩，路径曲折，遍植花木，小桥流水，绿柳浓荫"，"这些特征是与西方工业化后空间的发展及人们在被制约后寻求放松、休闲等观念相联系的，所以，一般公园内还建有球场、运动场、游泳池、动物园，天津皇后公园就建有游泳池和儿童运动场，大和公园亦设儿童运动场并饲养小动物。其次，公园布局都带有设计建造者本国的造园风格，如天津意国公园呈圆形，总体布局为规则式，中心建罗马式凉亭，园内有喷水池及花坛，花繁树茂。”

事实上，租界内的公园，被外国殖民者非法当成了“海外飞地”，在公园内建设纪念堂、纪念碑，并从事祭祀活动。

比如，英国人在天津英国公园内建设了戈登堂。1906 年，为纪念镇压义和团而战亡的日本官兵，日本人在大和公园内竖立“北清事变忠魂碑”，后增建日本神社，供奉天照大神及明治天皇之灵位，门口有日本兵守卫，日本人过此均虔诚敬礼，中国人则不许靠近。日本人还在春秋两季到神社祭祀，日本在津军政要人均参加仪式，极为隆重，神社成为日本推行军国主义的精神支柱。陈蕴茜指出，日本每占领一地均建神社、纳骨堂等建筑物，如大连东公园内建有“表忠碑”，纪念日俄战争在海城阵亡者，“每届四月十日，日人举行招魂大祭于此”。青岛太平山会前公园内也有日本人修建的纳骨堂，奉祀青岛战役者的日本士兵遗骨。日本人又在丹东镇江山公园内建“忠魂碑”，并将日俄战争中阵亡的日军将士 1095 人的骨灰集于临济寺，随后建起神社、八幡宫等，为日本侵略者歌功颂德。

早期的公园是殖民主义空间的物化载体，搭载着强烈的殖民主义秩序，即用空间来区隔种族与民族，用空间来昭示威权，显示殖民者的民族优越。

上海英租界工部局在公家花园《游览须知》里明确规定：“狗及脚踏车切勿入内；小孩之车，须遵路旁而行；毋许拆毁鸟巢，损坏花木；小孩尤宜加意管束；乐亭栏杆内，游人不得擅入；华人无西人同行，不得入内。”1909 年，法租界内的法国公园落成，“当时该公园章程，第一条第一项便明白规定，不许中国人入内，但是照顾外国小孩的阿妈，加套口罩为条件”。

公园作为一个新的城市空间，本应承载自由、民主、开放的本义，但在中国却再度异化，被殖民主义者当成了阻碍中国人进入的“特殊空间”，用以昭示中国人的民族地位低下。

上海绅士李维清在其编写的小学课本《上海乡土志》中是这样表述的："黄浦公园尚许洋人之养犬入内，独禁华人，此乃奇耻！"随后，这一案例曾选编进入诸多版本的小学课本。

发表于2016年第14期《新民周刊》上的《上海公园变迁》一文中也写道："自1885年颜永京、唐景星等人就曾联名向工部局提出，在公园开放问题上，华人与外国人应有平等待遇。之后十几年间不断有人提出这项要求，但工部局均置之不理。1889年，又有唐茂枝、吴虹玉等人要求上海道台向英国领事交涉，这次工部局终于被迫答应发给入园执照。但能拿到这份执照的多为'高等华人'，与广大民众仍然无缘。直到1928年，外滩公园才终于向中国游人开放。"

学者陈蕴茜认为，从颜永京、唐景星等人的申请开始，形成了一场"公园开放运动"。

上海围绕公园展开的游园平权要求，在北京的朱启钤不可能不知道，因此，他辟皇家祭祀之所为公园的举动，应该可以看作是一种共和新空间的建设活动，具有反抗殖民主义、回归公园应有的空间正义的革命内涵。

很快，公园休闲成为知识分子、市民所追捧的生活方式，谭其骧先生在回忆文章中说，1930 年代北平的知识分子生活得很舒适，市场上消费供大于求，是个买方市场，在新开的公园可以坐到半夜。

学者陈蕴茜说，中国人仍然一定程度上将公园与“文明”等同看待，甚至将其视为文明的象征。所以，民国的时候，兴建公园，“以活泼人民之精神”，启迪“社会之知识”，成为社会潮流。公园成为塑造现代国民的重要空间场所。民国建立后，各地市政建设更将公园列为标志性项目。

朱启钤所建的中央公园，后改为“中山公园”，在全国各地建立“中山公园”，成了民国政府的一项官方计划，其目的是“外人园游睹迹，亦知委靡之中国，尚有独立之精神在也”。“中山公园”也成为一个政治空间，“庶符先生生前独立不依之精神，而扫近代假借外力之恶习”。

民国北京新空间——医院

医院是救死扶伤的场所，但很显然，医院也是身体规训的场所，对于民国初期的北京民众来说，医院还是一个全新的城市空间，承担着照料、陪伴乃至治愈的重任。

医院不但作为一个物理空间而存在，还作为心灵空间甚至宗教空间而存在。在早期的教会医院，由医学而产生的生命奇迹，无一不被认为是神启。

福柯创造性地提出“人口的解剖政治”和“人口的生命政治”。在福柯看来，前者指的是规训权力对个体身体的矫正，对身体能力的提高、力量的榨取，培养出驯服而有用的身体，并使身体整合到经济控制内。后者则是以整个物种的身体为对象和中心。人口的繁殖、出生和死亡、健康水平，寿命和长寿等问题成为权力关注的焦点。用福柯的理论来解释民国初期医院空间的创立，则同样与西方资本主义崛起初期对劳动力的渴望有关。

在福柯那里，身体政治是资本主义发展必不可少的要素。他在《性经验史》一书中说："如果不把肉体有控制地纳入生产机器之中，如果不对经济过程中的人口现象进行调整，那么资本主义的发展就得不到保证"。另外，随着专制统治的式微，权力的目的不再是杀戮和暴力，而是从头到尾地调整身体，控制生命。

在 17 世纪以前，西方的医院只是一个"照料"场所，一些社会史学者认为基督教对病人强调的是关怀（care）而非治愈（cure）；在基督教中，疾病的发生被设定为超自然的原因，治疗则被视为一种病人心理由躁动趋于平和的超自然式的安抚方法。这与中国的情况很相似。古代的中国人也认为疾病是祖先和神灵的惩罚，因此才借助咒禁和祝由，来祈求神灵和祖先的原谅。

《医学史十五讲》作者张大庆说，当时的医院"不是病体治疗的专门机构，然而却是病体有可能得到关怀的场所。病人栖居于教堂，由此被明显赋予了'委托'的特征，交付身心以减轻痛苦是一种非世俗的行为。与之相应的是，早期的医院与教区的教堂几乎是一体的。”

因为西医在大规模的传染病预防和治疗方面表现出了优异的能力，所以，在西方，“西医”打败了传统医学，成为主导性的治病方式。

随着教会势力的入侵，医院和西医也随之进入中国，并逐渐扎根。

1840 年以后，教会医院在中国迅速扩张，为了让宗教具有“神迹”，即使人认为相信宗教可以让变坏的身体好起来，许多传教士都是医生。正如坚船利炮从海上来，教会医院和传教士医生也从海上来到中国，最早落户广州。现今中国比较有名的几所医院，比如湖南的湘雅医院、北京的协和医院、四川的华西医院、上海的瑞金医院，都有教会医院血统。

民国初期的北京，外国资本和教会创办的医院相继出现。

实际上，1885 年美国基督教长老会就已经在北京创办了一所妇婴医院，除此之外，又在附近办了一所男子医院，1912 年这两所医院合并，称为“道济医院”。

1886 年，美国基督教“卫理公会”的兰大夫、卫大夫在崇文门的孝顺胡同开办了一家眼科诊所，英文名“美以美会医院”，中文名为“同仁医院”。1903 年，该院扩建，不仅扩大眼科，还设立内科、外科、X 光科、化验科等，虽然只有一座楼房，但已有了综合医院的雏形。

对北京影响最大的，是协和医院的创建。

1903 年，北京协和医学校开办，不久，即得到了清政府的正式批准。但西医的进入，对中医造成了巨大冲击。一些人提出“废医论”，力倡“改良中医”。但儒家的中庸思想，使李鸿章等一些权臣并不支持这一偏激的观念，“中西汇通”成为当时的普遍看法。

根据美国《时代》周刊的报道，从 1913 年 5 月开始，洛克菲勒基金会 10 年内花费了近 8000 万美元投资中国。由于对公共卫生和医学教育情有独钟，超过一半的钱用于这方面，而“最大的单笔礼物是给了北京协和医学院”。据协和医院方面 1956 年统计，为打造北京协和医学院，洛克菲勒基金会前后总计投入 4800 万美元左右。根据协和医学院的毕业生邓家栋在《协和医学院的创办经过》一文中的回忆，北京协和医院“1921 年全部建筑完成。原预算为 100 万至 150 万美元，结果共耗资 750 万美元”。

协和医院的到来，只是让西医以医院为载体，开始了对中医的冲击，不管是主动还是被动，中医不得不放弃自己独立的文化空间，而成为集体文化空间和政治空间的附庸。

1921 年，兰安生来到中国，成为协和第一位公共卫生学教授。1925 年，协和医学院与京师警察厅合办了“京师警察厅试办公共卫生事务所”，有相当长一段时间，卫生事务所挂在警察厅而不是卫生局之下。在其他城市，也有这种情况。

由此可见，医疗权力与社会权力的结合，一开始就非常紧密。

“京师警察厅试办公共卫生事务所”后改名为“北平市卫生局第一卫生事务所”（简称“一所”），为整个示范区的 10 万居民提供公共医疗服务。“一所”重视妇幼保健，还对垃圾、粪便、污水等处理制订了监督办法，减缓传染疾病在社区内的传播，这些努力使得“一所”居民死亡率从 22.2% 下降到了 18.2%。由于能够对抗大规模传染病，更由于“社会医学”的兴起，西医渐成中国医疗界的主流，而中医却日渐式微。

民国时期的国立江苏医学院院长胡定安先生认为，在当时，公共卫生的实行变成了民族主义目标的一种制度化表述，因为由体育观念和预防医学中之卫生观念、一切的改革心理与趋势观察起来，就可明白民族力量的增进一定要提倡健康，尤其要提倡整个国民的健康，然后可以顾到中华民族的复兴。

西医负起了民族复兴的责任，在当时甚嚣尘上的“进化论”也因此以“进化”的观点，认为西医取代中医，乃是历史的必然。

抵抗传染病，对其他疾病的治疗，人们所关注的，仍如福柯所说，是一种“身体政治”，教会和掌握医院的资本集团，借由医院的身体规训，以及医生的知识权力，“把人的身体变成认识对象来干预和征服人的身体”。

作为一个社会空间，医院所负载的宗教功能渐渐减弱了，但医院的意识形态功能，仍然长期存在。而作为医疗的规范性空间，中医不得不向西医学习，从坐堂问诊到建立医院，接受西医对身体的规训方法，用西方的检查与诊疗手段来改造中医的地理空间和文化空间。

医院作为医疗行为的规范空间，已经完美地成为城市的空间现代表征，如果没有医院，一座城市将是蒙昧的、野蛮的与落后的。从这个意义上说，医院作为西方文化的空间典范和文明典范，已经在不同的社会空间中扎根，并成为这些社会的一部分，深深地嵌入这些社会里，不可分割。

小结｜新式空间所代表的文明

苏贾说：“空间是由人类集体创造的，是人类生存目的性很强的构造以及空间社会化的产物。这种在物理以及自然空间中形成的社会化的生存空间，在精神上和物质上与人类社会化的生存空间一起创造了人类的传记和地理历史学。”

苏贾认为，人类生活从根本上来说是空间的、暂时性的及社会化的，是共时性、交互性的真实与想象。和历史学一样，地理学呈现出的物质形式即社会关系，不但体现出其空间特性，还创造性地体现在意象、理念、想象中。

广场、大学、公园、医院这些新空间的出现，让北京变得更具现代性。广场像南朝的佛寺一样，成为上自领袖下至民众都可以共同享用的公共空间；大学成了人们从底层阶梯式掌管社会的起点；公园所代表的现代文明，给了每个民众进入的机会；而医院，则成为新的权力机构：通过对身体的规训，人们开始向现代文明屈服。

正是通过这些新空间的生产，北京成为一座现代化的都市。

但使主人能醉客，不知何处是他乡

都市蜃景：闪耀光芒的世俗灯塔

空间的争夺变得激烈，但由于人才和资本、技术的涌入，北京也更加具有经济上的竞争活力。奥运会之后，北京拥有了全中国乃至全亚洲最让人向往的“城市蜃景”，光芒闪耀，迷幻壮丽，空间国际化的北京，无疑成为中国最有竞争力的城市。

如果稍有想象力，把国家大剧院当成一颗圆形巨蛋来看，那么可写成童话的故事就实在太多了。用中国传统的文化思维来解构，则总有一天，这颗蛋会孵化成鸟，飞到离此数十公里的国家体育场——那是一个巨大的钢铁鸟巢。鸟巢旁边，是一个温暖的孵化箱，随时准备接纳一颗又一颗鸟蛋，并让它们在此获得生命。

蛋，鸟巢，孵化箱，都可看作一个又一个隐喻。

国际盛会引发的地理发展不平衡

不管我们承认与否，2008 年举办的奥运会，都让快速发展的中国再次进行了高强度的“时空压缩”，并进而形成了“盛会模式”，北京成功多次被复制，其他区域性中心城市群起仿效，一个个特大城市成为区域中心，并虹吸着周边地区的资本、人才与资源。

2008 年夏季奥运会举办之前，北京通往外地的高铁系统快速建成，中国真正成了一个铁轨上的国家，高铁取代公路、航运，成为商务人士的首选。多个城市开通一夜可达北京的列车，从上千公里以外的边远地区到达北京，只是“睡了一觉就到”这么便捷简单。从此，北京不再是遥远之城，变得触手可及，形成只有“一张车票的距离”。

北京城内的地铁也从“烧饼加油条”，即一纵加一个圆圈式的两条地铁，变成了奥运会举办之前的近十条线路。地下轨道网络纵横交织，现代信号系统覆盖地铁每个角落。

如今的北京更像是一个国际化的大都市——高速运行的城市地面交通系统、遍布地下的城市铁路、招手可停的出租车、彻夜闪烁灯光的便利店、完全覆盖城市角落的 4G 网络，把城市的内部空间大大压缩了。地铁里，川流不息的人流仿佛没有穷尽。酒吧内，歌手的演唱从夜晚延续到了黎明。

消费占据了日常生活舞台的中心，这既让资本在空间上获得了增值最大化，又推动了都市化进程。即便相对不发达的北京南城，也终于有了机会加入资本的盛宴。大兴国际机场的建成，让北京南城也加入了“蜃景模式”。

可以说，一系列国际盛会，让有条件举办这些盛会的城市，优先获得了空间发展机会，并造成优质空间资源的稀缺性，主动或被动成为区域城市中心，形成对外围地区的支配模式。列斐伏尔说：“通过中心—外围模式，越往中心，空间越少越稀缺，价值越高。相反，越往周围则价值越低。”这样，整个城市就像一个物理学的黑洞一样，吸纳着生产要素。

空间追逐，也成为都市的资本游戏。城市越繁华，人们越愿意来到这里。空间再次成为阶层标签，人们从对户口、职位、薪酬的角逐，演变成对空间的角逐，空间占有超过职业选择，成为一种全新的社会身份。

城市空间不再是现实生活的有价值的实体，而是社会等级的集中展示。城市化逐渐被空间生产过程替代，导致了城市和乡村、中心和边缘的空间等级体系。城市聚集了先进的生产力、众多社会关系和公共设施，不仅是物质生产的集中，而且是资本关系的集合，承载着空间生产的社会性和社会结构。

城市蜃景：闪耀光芒的世俗灯塔

通过举办奥运会，北京与雅典（2004 年奥运会主办城市）、悉尼（2000 年夏季奥运会主办城市）突然站在了一起，共同向国际社会亮相，接受国际社会的检阅。

为此，北京必须换上一身国际华服——具有国际水准的体育建筑。这种水准不只是功能上的，也包括建筑上的。这新的华服必须吸引国际社会的目光，成为国际建筑和时尚界的话题。

鸟巢、水立方等多个奥运比赛所需的超大型体育场馆，像梦中的仙境，突然出现在了北京街头。而此前北京不过是一个发展中国家的都市，尽管中国经济高速发展，但仍然不是一个世界性的都市。

2008 年之前，北京很少把自己定位在世界层面。奥运会之后，北京悄然调整了自己的城市定位，即全国政治中心、文化中心、国际交往中心、科技创新中心。国际交往中心的曲意，即成为世界性都市。

政治意志、国家力量与巨大的资本，让北京跨越式地进入世界一流大都会的行列，北京成了中国的“城市蜃景”，所有世界城市具有的美好，都将容纳于这一座城市里。奥运会将北京进行了一次大幅度的“时空压缩”，仅仅数年，北京的城市空间不但焕然一新，且有了质的飞跃。当奥运会结束的时候，北京甚至超越了伦敦（2012 年夏季奥运会主办城市），成为全球最美丽的、现代化程度最高的城市之一。

列斐伏尔说：“空间生产是政治权力和意识形态的汇集地。”

此时的北京，需要用全新的符号来融入国际当中，同时也需要用空间来宣示权力和崛起：一座座容纳中西文化的巨大建筑，代表着中国胸怀和中国力量。以此为标志，昭示着国家的现代化与全球化。

无论国家大剧院还是“鸟巢”，或是“水立方”，都属于“国家文化空间”，意在展示国家的强大经济实力，告诉全世界，中国配得上举办这场国际盛会。但在宏大的国家话语之外，这些设施也不可避免地成了“民众娱乐空间”，国家打造了“令人愉悦的设施”，建造了一种“城市奇观”，而民众得以在国际一流的文体空间里提升文化品位、体验现代体育快感和增加生活幸福度。在这样巨大的公共建筑里，人们被补充着“不同的文化能量”，而每一种文化能量，都有着不同的生产空间。

列斐伏尔说：“在任何地方，只要空间、时间和能量消耗之间发生互动，那里就有节奏。”在他看来，节奏正是能量挥发的直接形式，它可以存在于音乐、舞蹈、歌唱，也可以存在于街道的喧嚣和日常的生活、劳动，节奏标示着时间的流动，也表征了能量逸散的诸种可能性。

在国家大剧院、“鸟巢”这样的文体空间里，种种空间建设都隐含着对“身体的解放”。而这种解放，意味着合理地释放能量、全面恢复感官能力，这“首先是对语言、声音、嗅觉、听觉的感官恢复”。也就是说，这些国家文体空间负载着“修复感官”的任务，人们在各种常规空间的约束之外，正在寻求更加自由的“差异空间”。

因此，我们必须用列斐伏尔的话来对此加以评价：国家文体空间“不是纯粹形式的，不是理性抽象的，不是一个中性的客观的科学对象，更不是一个物质性的器皿。总之，空间不是自然性的，而是政治性的”。

城市新空间与城市新生产力

国家大剧院是一个各国艺术精英团队来华演出的首选之地，置身其中，也会让中国观众产生这样的幻觉：至少在观赏时间里，自己实现了文化身份的跨越。

近距离地与国际一流艺术团队接触，确实会产生一种难以置信的“文化压缩快感”，曾经遥远的西方艺术，眨眼便来到身边。国家艺术空间的出现，使以往的梦境可以成为现实。

“鸟巢”“水立方”，曾经是世界一流优秀运动员的竞技场，也是全世界目光短暂聚焦的地方，全球媒体持续数周制造着一个又一个癫狂话题，长久地影响着人们的心志，在巨大光环的照耀之下，这些体育空间具有了某种神圣性和神秘性。几十天里，这里诞生出众多的新世界纪录，发生了让人们一生难以忘怀的体育故事，对于那些热爱体育的人们来说，看一看这些神圣的空间，无疑完成了人生的一次朝圣之旅。而数以亿计的人们的朝圣心态，足以让“城市蜃景”成为最有诱惑力的城市空间。

随着北京成为“城市蜃景”，资本、人才、技术随之河水一样涌入，北京空间质量的变化，也让资本与民众开始了对空间的争夺。空间崇拜成了一种社会潮流和盲目选择，并浓缩成一句话：去北京。

空间生产和社会关系是密切相关的，也就是说，空间的变化和社会关系的变化是同样的过程，一种新形式的社会关系必须建立一个新的空间，以适应新的社会再生产和物质实践等。社会形态不同，由此产生的空间生产方式也不同。

空间的争夺变得激烈，但由于人才和资本、技术的涌入，北京也更加具有经济上的竞争活力。奥运会之后，北京拥有了全中国乃至全亚洲最让人向往的“城市蜃景”，光芒闪耀，迷幻壮丽，空间国际化的北京，无疑成为中国最有竞争力的城市。

梦想空间：新北京的魅力与魔力

远远看去，混杂在一片典型中式建筑中的国家大剧院，外表光滑，扁平，像一颗天外神鸟所下的巨蛋，有一种说不清的神秘感。

国家大剧院的设计者安德鲁认为，在天安门广场众多的建筑物中，国家大剧院是对天空冒犯得最少的建筑物，“它接纳了天空的倒影，谦逊而又强大”。

走近了体验，则同样是迥异于传统中国文化的独特感觉：丘状的建筑主体，让观者产生与生命有关的联想。而从下方进入，则加重了进入者的屈服感和纳入感，观者像是一条小鱼，被巨大的潭水淹没。

对此，安德鲁的解释是：建筑物令人无法触碰，无论你是皇帝还是将军，不管你动用什么样的方式都无法找到这样一个神秘的山谷；它没有窗，必须从下部进入，给人一种神秘感。在安德鲁的巨大的空间面前，人们显得那么微不足道。人们被吞噬，又被吐出。参与了瞬间的极乐，然后回到孤独。

空间依靠本身的力量，让人们产生崇拜感和敬服感，人们主动接受规训，接受这里的一切要求，并改变自己。

安德鲁在接受媒体采访时曾说：“我想打破中国的传统，当你要去剧院，你就是想进入一块梦想之地。”

他说：“中国国家大剧院要表达的，就是内在的活力，是在外部宁静笼罩下的内部生机。一个简单的‘鸡蛋壳’，里面孕育着生命。这就是我的设计灵魂：外壳、生命和开放。”

“鸟巢”是一种“拟建筑”，即模拟动物巢穴而建造的人类居住空间，但在动物的巢穴里，“鸟巢”很明显缺乏安全感。而放置在地上的“鸟巢”，则更容易被各种走兽所毁坏，“覆巢之下安有完卵”的俗语，就是中国人的老祖宗对鸟巢脆弱性的生动描绘。

作为国家体育馆，“鸟巢”负载着一种国家文化意图，即用什么样的空间形貌来承接宏大的国家空间构想，进一步表达国家的文化意志，向世界传递中国的文化诉求。很显然，在中国的传统语词隐喻里，鸟，鸟巢，都不代表吉祥，更不代表国家力量和意志，也不代表中华的文化传统。

赫尔佐格比只设计机场这类实用型建筑的安德鲁对于空间的考虑，显然更进一步。他说，“作为公共建筑，必然要打上意识形态的印迹，但意识形态又必然寄存于一个文化体系中。因此你看中国的建筑是对称、和谐的，而美国的建筑则把注重实用、功能主义演绎到极致。任何一个公共建筑都离不开这个社会的生活方式、思考方式、社会状态。”

作为中国思考方式，“鸟巢”其实应该称之为“凤巢”，有筑巢引凤之意，则文化上的超越性，赫然呈现。相对于“鸟”的动物属性，“凤”则具有了某种神性，喻示着新天地的开启，同时蕴含了中华文化中的昂扬部分。而“凤巢”明确表达中国的意识形态：东方凤凰，这喻示吉祥的神鸟，以奥运会为契机，敞开怀抱，筑起巨大的巢，吸引一切爱中国的人来到文明古国。有凤来仪，同样是一个暗喻，既是对各国来宾的尊重与礼敬，更是强大中国期待已久的文化显现。但很显然，一些研究者们并没有观察到建筑与时代的隐秘关系，没有发现奥运会的举办与中国的振兴其实是一体两面。

而场馆建设，不过是国家力量的外化而已。

因此，赫尔佐格对“鸟巢”的解释并不令人信服，他说：“中国人早已阅历了各种形式，所以他们能够接受建筑设计师的那些奇怪形式，从而见怪不怪。比如，‘鸟巢’在西方被认为是一种颠覆性的形式，一些西方人在杂志上看到这个方案时说这简直是疯了，而中国的甲方却能够接受。”中国人看到这个建筑的外观，即使内心想的是“凤巢”，但模糊的意识并没有显化为清晰的概念。换个角度来看，是没有人发现这些建筑的文化意义，国家意识形态放弃了在建筑中的渗入。而在古代中国，放弃这种渗入，既是令人十分遗憾的，更是难以想象的。

苏贾认为，空间早已不是单纯的几何和地理范畴，而是社会关系和生产实践的过程。空间已经成为人文地理学的重要视域和研究维度，也成为社会文化理论研究的中心主题。都市空间生产既是动态、矛盾的差异性过程，又具有文本含义、符号象征、政治意识、民族文化、宗教信仰等意义。都市空间生产彰显着人的主体生产实践和社会关系。

法国社会思想家福柯在他的《异托邦》一文中说，“我确信，我们处在这么一刻，其中由时间发展出来的世界经验，远少于联系着不同点与点之间的混乱网络所形成的世界经验。”福柯宣告了空间时代的到来。在现代化面前，生产标志性的城市空间，并赋予其某种含义，使之成为城市的财富入口与消费入口，是一种必然趋势。

小结｜国际盛会加剧时空压缩

列斐伏尔说：“在都市里，人们的肉身将本我从空间中分隔开来，给本我提供了一个栖身之所。”人类对空间的认知与构想过程其实也就是从“身体的空间”到“空间中的身体”的转变过程。这身体，仿佛是一面镜子，揭示出了“我”和“我自己”“我的身体”和“我对我的身体的觉知”之间的关系（此处，我对我身体的觉知是形式，而我的身体则是这觉知的内容）。

人们通过观察镜子，产生一种“蜃景效应（mirage effects）”。它让任何一个易于受影响的观察者，通过本我不可思议的自我欺骗过程，将眼前的景象转换为自我认知的一部分。

在北京，无论“国家大剧院”还是“鸟巢”，都是一面面镜子。由于空间的争夺日趋激烈，对于普通民众来说，无论你每天在镜子里看到多少“城市蜃景”，也仍然是梦中的美好景象。

空间正义与空间公平，对所有人来说，都越发显得急切。

现代城市，其空间形式，不是让人确立家园感，而是不断地毁掉家园感，不是让人的身体和空间发生体验关系，而是让人的身体和空间发生错置关系。这就是大规模理性规划所带来的空间隔膜。这就是大城市的特征：你被漫漫人流所包围，但是，却备感孤独。

空间竞争让无数人失去了在镜子面前的喜悦感，但只要人们还是喜欢“城市蜃景”，喜欢在这样的迷幻世界里获得快乐，就会摩肩接踵地来到“海上家乡”，每天欣赏着“城市蜃景”，并成为都市梦幻的一部分。

只有秦淮一片月，溶溶无意照千秋

幻境追逐：进入城市的权利

当空间成为利润的生产者，它自然也就成了利益争夺的焦点，吸引了社会的一切目光。正如列斐伏尔所说："空间不但是生产，而且是一种思考和行动的工具，还是一种生产方式和统治方式。"

空间生产：经济发展的新动力

在列斐伏尔看来，空间是人类生活的第一原则，“地理创造”有时优于历史创造。列斐伏尔经过研究发现，资本主义之所以拥有旺盛的生命力，是因为资本主义“发现了空间”，然后“通过占有空间，通过生产空间”来获得利润，并让资本主义有了新的生命力，空间成了生产资料的一种，成了刺激经济发展、社会进步的动力之一。

今天，无论是都市大邑，还是边远小镇，房地产开发商即房屋生产者都拥有着远高于其他人群的财富。原因就在于他们率先发现“空间”同样属于生产资料，并率先掌握了这些新的生产资料，成为生产者和拥有者。对于普通人来说，由于没有意识到“空间”已经成为生产资料和生活资料这个事实，没有“占有空间”的意识，因此，在都市空间竞争中，处于不利的地位。在财富的占有上，也因之落后于空间拥有者。

当空间成为利润的生产者，它自然也就成了利益争夺的焦点，吸引了社会的一切目光。正如列斐伏尔所说："空间不但是生产，而且是一种思考和行动的工具，还是一种生产方式和统治方式。"

一些地理学家把人类社会进行了新的分期，即农业社会、工业社会和都市社会。但事实上这种分法存在着语义学上的分歧。农业社会与工业社会，主要是根据生产方式区分，都市社会不是一种生产方式，而是一种居住方式。

因此，我们可以据此进行全新的人类社会分期，即乡村社会、城镇社会和都市社会。

在乡村社会，人们对空间的生产能力有限，空间还不足以作为生产资料加入社会竞争，并与生产力共同作用，改变生产关系。在乡村社会，空间（尤其是居住空间）的需求是基本恒定的，资本并不介入对空间的争夺，相对来说，空间是可以无限生产的，而且生产成本十分低廉。

在城镇社会，由于民众都是分散居住在各个城镇，城镇的居住空间并不稀缺，资本同样很少介入对空间的争夺，人们普遍没有形成空间崇拜，空间权利与其他权利相比，是一种可被忽视的权利，不能有效介入民众生活并影响民众。

进入都市社会，民众向都市的流动增加，或者说，都市对民众的吸附能力空前增强，空间权利骤然扩大，空间崇拜成为社会潮流。资本全方位参与都市社会空间的争夺和生产，空间被商品化，同时也被动产化，进而被金融化，空间成了一种重要的生存武器，一种社会身份和标签。

在都市化社会，人们首次意识到，人类的生存境遇取决于空间性。如列斐伏尔所说："空间变成了这种再生产的场所，包括都市的空间、娱乐的空间、所谓的教育的空间、日常生活的空间，等等。这种再生产通过一种和现存社会相关的方案来完成。存在既是相连接的，又是相分离的；既是被分解了的，又是维持着原状的。"

空间的自然化：一切都是商品

当空间可以被动产化，并进而金融化，空间骤然成了稀缺资源。

列斐伏尔敏锐地观察到："自然同样也被加工、塑造和改变了，它是一个更大规模的行为的产品，同时，大地的面貌本身，也就是风景，也是人类的作品。今天，在某种意识形态中，自然被当成了认识的材料，被当成了技术的对象。它被统治、被征服了。因为被统治、被征服了，它也就远离了我们。"

自然的被征服，本来是为了让人类活得更自由。但自然被商品化之后，自然部分地"被截取了"。也就是说，自然的一部分，被当成商品"规划"成为资本的宠物，而其他部分则被遗弃，并进而造成严重的环境破坏。资本购买了自然最有价值的部分，而放弃了作为自然整体的其他部分。

既然自然成为商品，理所当然地就负担起资本增值的责任。这也不难理解，很多资本膨胀人士会在洱海这类生态脆弱之地建别墅，甚至出租改装成酒店，无惧未经处理的污水直接倾入洱海，其实质就是把自然商品化之后，“自然”会主动地承担增值责任，形成“自然”破坏自然的悖论。

“人们突然发现，（自然）在被征服的过程中，它被破坏了，面临着毁灭的危险，而同时又危及了人类的空间。人类的空间已经和自然联系在了一起，因而陷入了这种危险中。由此，就需要有一项战略，这就是被政治化的空间。”

列斐伏尔的这段话，道出了自然商品化的严重后果，“人们会迷失在对消逝了的美景的遗憾中，对远去了的自然的纯洁无瑕的遗憾中”。

他不无担忧地指出，“和空间一样，自然也已经被政治化了，因为它被纳入了各种有意识的或者无意识的战略中”。

我们必须承认，“在水、空气、阳光等出现了新的稀缺的时候，出现了围绕着空间的激烈争夺”。某品牌瓶装水的广告语即为“我们是大自然的搬运工”，意味着我们身边的水源已经难以满足人们的需求，人们开始走入自然深处，去向自然索取。自然中未经污染的优质水源，经过“搬运”，成为商品；而“搬运”中是否对“自然”产生了破坏，本来属于“自然”的水，被“截取”到城市里之后，是否破坏了“自然”的整体环境以及小的生态循环系统，我们并不知情。

事实上，对“自然”的争夺，早已开始。而商品化了的“自然”在造福少数人或者在回馈了资本的增值需求之后，为自然整体或者为全人类带来了什么负面的影响，我们并没有清晰的认识和评估。自然是脆弱的，而资本的索求是无度的，随着自然的崩溃，“人的空间”将更加稀缺，争夺会更加激烈。

时空压缩：时间与空间的不平等

空间从没有如此被重视。

这是空间权利的时代。

这是空间荣耀的时代。

所有的空间都在闪光，无论乡村还是城市。当你拥有巨大的居住和生产空间，或者宽阔的运动空间，都能吸引无数艳羡的目光。但并不是所有的空间都成为被争夺的对象，一部分空间在获得资本青睐的同时，另一部分空间正在被遗弃。

都市化正在成为浪潮，离开农村、离开小城镇，向都市进军，正在成为亿万民众的选择。像列斐伏尔所预言的，城市成为权利的场所。“田野或森林、道路所形成的领域当然也不例外”。到城市去，到大都市去，北京、上海、广州等特大城市成为外来人口的主要选择。

特大城市像参天大树，使劲儿地想冲破云霄，最大限度地占有阳光、地下的营养，而树下的小草及其他生物，则不得不依附于大树下生存。

是什么让边远地区的民众想尽办法进入城市？换言之，都市靠什么来吸纳最有活力的建设者？

是时空压缩。

电影《冈仁波齐》上映后，在都市精英人群中引起许多共鸣。对于磕长头去冈仁波齐朝圣的藏族百姓来说，或许带着信仰在步步前行，但对于都市精英们来说，电影所讲的，却与信仰关联不大。震动他们的，是在时空压缩的时代，那些藏民不惧艰辛还原时空、解码压缩的过程。

“时空压缩”，是大卫·哈维提出来的，指的是由于科学技术，特别是交通与信息技术的发展，人类完成或者参与一件事情的时间、空间，以及心理时间、心理空间的代价的缩小。在其《后现代的状况》一书里，哈维这样解释他的“时空压缩”理论：“这个词语表示着那些把空间和时间的客观品质革命化了，以至于我们被迫、有时是以相当激进的方式来改变我们将世界呈现给自己的方式的各种过程。”

通俗地说，从空间的角度来看，磕长头者去冈仁波齐朝圣，要走数月。而开着汽车去，可能只需要数天，乘坐飞机则只需数小时。从时间的角度来看，远隔千里万里的人，用传统的方式邮寄信函，可能需要许多天甚至数月才能收到，但用电子邮件，也许一秒钟就可以了。就这样，现代技术把空间和时间都进行了“压缩”。

时空压缩的好处，是人得到了某种程度的解放，人们有更多的时间去娱乐、交流，也可以在更短的时间内，走遍更多的地方。

但代价也十分明显，人类开始走向无限制追求自由与物欲的极端，人们对效率的极端追求，不惜以牺牲人类的人文心理需要为代价。时空被压缩的同时，人性也被压缩。用大卫·哈维的话来说就是，一切都加速了，“以至于世界有时明显地是内在地朝着我们崩溃了”。

这种“内在的崩溃”包括：

一、资本运转加速。强调了“时尚、产品、生产技术、劳动过程、各种观念和意识形态、价值观和既定实践活动的易变性与短暂性，一切坚固的东西都烟消云散”。

资本运转加速，风尚流行也加速，电子产品快速迭代，流行话语速朽又速生，人们不断地变换着各种满足普通大众的速熟方便食品，抛弃着一个又一个曾经红极一时的游戏。对此，大卫·哈维说："这意味着不止可以扔掉生产出来的商品，也意味着可以扔掉价值观、生活方式、稳定的关系、对事物的依恋、建筑物、场所、民族、已接受的行为和存在方式……这使得个人被迫要应付一次性物品、新奇性和即刻废弃的前景。"

人们过分追求新奇的事物以追赶时尚，又迅速被时尚抛弃。人们感觉到空间竞争的巨大压力，从而对自我产生怀疑，并在心理上出现"感觉超载""自我压缩"等种种问题。正像大卫·哈维指出的那样，"短暂性越强，需要发现或者制造某种存在于其中的永恒真理的压力就越大"。

二、在消费领域，人们更注重"符号"的生产，对生产效率极端追求。

在各种各样的"符号"面前，我们的选择变得迷茫，我们不是在选择商品，而是选择自己喜欢的某种"符号"，财富、权力、地位、名声等东西，也被符号化、象征化而成为商品。“符号”使人们远离事物的本质，而追求附丽于“符号”之上的价值和意义。

正如法国社会学家鲍德里亚所言：“效果战胜原因，即刻性战胜作为深度的时间，外表和纯粹客观化战胜欲望的深度。”

时空压缩是如此的便捷、高效、迷人，通过“全球化”这一概念，时空压缩正成为一种意识形态，模仿和复制变得更加容易，掩盖了原创性的必要。我们越来越不需要思考，通过食品的烹饪习惯、音乐、电视、娱乐和电影等一切东西……使得许多人都能看到全世界所包含的广泛的模仿或替代性体验，暂时、拼贴、流变、偶然、破碎、表面、分裂、蒙太奇、共时性，成为文化和艺术的“符号”，让人们变得更浅薄，却不以为耻。

时空压缩所带来的问题则是，人们的生存压力增加、幸福感下降，都市人群的空虚、焦虑和无价值感，成为社会常态。

时空压缩制造了“人间幻境”，即超大都市在资本的参与下，被打扮成天堂。由于时空压缩的作用，乡村与城镇居民产生幻觉，原来“人间幻境”就在自己身边。时空压缩把乡村到达都市的距离变短了，到达的时间也同样变短了，大都市从遥不可及的“他乡”，变成了触手可及的“近邻”。于是，他们被“人间幻境”所吸引，离开自己熟悉的地方，挤入大都市。

处于时空压缩的大都市中，人们同样会产生幻觉，即所居的世界是不真实的。因此，他们会坐到电影院里，去观看《冈仁波齐》——本质上是去观看如何解构压缩过的时空，如何还原时空。这种冲动会造成“逆都市化”，所谓的“逃离北上广”，以及当下各地民宿建造的火热，都是一种“逆都市化”的反时空压缩的行为，人们尽量还原时空，让时空回到“心理认可”状态，以安放恍惑的心灵和凌乱的脚步。

但相对来说，大都市的“人间幻境”，仍然是巨大的诱惑，诱使着成千上万的乡村和城镇民众来到大都市。事实上，时空压缩产生的“幻境”会产生城市毒素。

在大都市里，由于空间争夺更为激烈，普通居住者的工作地点与居住地点之间的距离相当遥远，虽然有高效的城市铁路（地铁、城铁）系统、城市出租车系统，但压缩后的空间距离，仍然让很多城市居住者产生幻灭感。

城市居住者的在途时间变长。由于手机的长时间使用，在途期间信息处理量增加，脑力劳动时间变长，脑力劳动强度也在增加，我们在自己对空间和时间感受方面也受到一种严格的控制，屈从于精于算计的经济理性的霸权。

然而，时空压缩是无法逃离的，甚至成为一种趋势。时空压缩改变着我们的社会和生活。

高速公路、高铁开始在乡村附近出现，一些高铁在县城设站，“城市幻境”对乡村和城镇居民造成虹吸效应的同时，逃离城市的返乡者也开始用农业机械、订单农业、网络商店等方式，对农村的时空进行压缩。

相对而言，返乡者逃离了“都市幻境”，但给乡民和小城镇居民制造了同样的“幻境”，时空压缩成为必然的、无法逃离的生活方式。

幻境追逐：进入城市的权利

大都市的“人间幻境”，不可阻挡地虹吸着农村及城镇人口。只要他们愿意，农村和城镇人口就有进入城市的权利。作为空间权利最重要的一部分，进入城市的权利，是一个公平社会给予偏远地区民众最好的福利。但大都市的入口，被空间竞争和资本的承载压力所阻挡，进入都市，成为一个略含沉重的追问。

以日本为例，到 2014 年，东京都以 0.6% 的国土面积容纳了日本 10.5% 的人口，人口比例较 10 年前增加 0.7%。2016 年，东京都又成为日本净迁入人口最多的城市，达 74177 人。

而在英国，截至 2014 年，伦敦以 0.6% 的国土面积容纳了英国 15.7% 的人口，人口比例较 10 年前增加了 3.3%。

也就是说，从英国和日本的情况看，外地民众不断涌向大都市，不管采用什么方法阻止，都收效甚微。

既然存在着“人间幻境”，理论上说，就存在着每个人得以进入都市的机会。或者可以这样说，理论上说，每个人都有进入都市的权利。

但事实上并非如此。

根据列斐伏尔的界定，城市权利是城市社会中居于首位的权利，是关于城市市民的权利，包括进入城市的权利、居住在城市的权利、参与城市生活的权利、平等使用和塑造城市的权利等。而大卫·哈维认为，“城市权利远远超出我们所说的获得城市资源的个体的或群体的权利，城市权利是一种按照我们的期望改变和改造城市的权利”。列斐伏尔和哈维对城市权利的界定，都显得过于浮泛，因此，需要更切合中国实际情况的观点。

都市空间被动产化和金融化以后，普通民众进入都市的权利被弱化，“居住”成为一个非常严重的障碍，阻挡了他们进入都市的脚步。

城市权利首先表现为居住权，其次是工作权，然后是参与权与管理权。不可否认，在中国的一些大都市，比如北京和上海，由于优质教育空间稀缺，竞争激化，所以，获取受教育权利，先要获取户口，即获取进入城市的官方“通行证”。

购买城市空间即获取居住权，也需要有与户口相关的资质。户口的管理控制，实质上是对城市资源的控制，是对城市里的居住空间、教育空间和其他公共空间的控制。

但管控未必都有用。

以英国伦敦为例，20 世纪 50 年代末，伦敦试图把人口分散到卫星城去，在离伦敦市中心 50 公里的半径内，建成了 8 个被称为伦敦新城的卫星城，伦敦的人口也一度从 800 多万减少到了 600 多万，但到了 21 世纪，人口又回升到了 800 多万，目前伦敦人口约为 820 万。

细心的读者可能会发现，在本节分别使用了“进入都市的权利”和“进入城市的权利”两个不同的概念来表述，这并不是词语的滥用，而是基于中国的现状而给出的理性解决之道。

人们理应拥有“进入城市的权利”，但却未必一定“拥有进入都市的权利”，因为人们进入都市之后，城市权利中最重要的一条，居住权利无法解决，等于“进入都市的权利”失效。

人们拥有“进入城市的权利”，同时，拥有更广大的空间，即拥有“进入城镇的权利”，后者实实在在地成为人们的一项基本权利。

城镇化：离乡愁近些，离都市远些

城镇与城市，同样是压缩过的“人间幻境”，与乡村社会对比，同样是一个被灯光点燃、被快速交通工具和移动互联网压缩了的、干净宽敞的奇异世界。

让农民拥有进入城镇的权利，让小城镇的居民拥有进入城市的权利，如果有居住空间和工作机会，让他们同时有进入都市的权利，这才是面对时空压缩的必要姿态。

但理性的选择，首先是农民进入城镇的权利，如果他们有在“人间幻境”中生活的欲望的话。

不排除许多农民愿意抵抗时空压缩，愿意拒斥“人间幻境”，愿意住在真实的田园里，自在生活，以此为快，以家乡为胜境、以陋居为乐园。守住真正的乡愁，守住祖宗给予的土地，守住祖宗们栖居的山林。

“进入城镇”，包括“进入城市”和“进入都市”，只是一项权利，而不是一种必然，更不是一个现实选择。

时空压缩会把我们困于一种“认知幻境”之中，即忘记了时空压缩的存在，无论任何问题，都只会进行当下的数字比对。比如，我们会不自觉地与美国城镇化的数字进行比对，与欧洲的城镇化进行比对，却不去考量美国的城镇化自何时开始，其行进速度如何，以及遇到过什么问题。时空压缩产生的“幻境”，有时具有很强的毒性，麻醉着我们的意识，误导着我们的行为。

1940 年美国城市人口占总人口的 56.5%，1960 年上升到 63.1%，而 1990 年则降为 61.6%。也就是说，以前 20 年为一个时间观测点，则美国 20 年间的城镇化率，每年不过是 0.33% 而已。以后 30 年为一个时间观测点，则美国从 1960 到 1990 年的城镇化率，已经是负数。

1950 年，美国郊区人口占总人口的 26%，1960 年增至 33%，1970 年占 37%，1990 年上升为 48%。与此同时，居住在中心城市的人口比例不断下降，1950 年为 35%，1960 年为 33.4%，1990 年降至 29%。也就是说，美国在经历了 200 年的城镇化之后，到了 20 世纪 90 年代，则出现“逆城市化”现象，有钱人更愿意住在郊区而不是城市。

城市不再是“人间幻境”，而是一个失乐园。其原因很多，但最主要的，还是进入城市之后，人们的居住权利、工作权利、参与权利和管理权利都一一缺如，大量的人群涌入城市之后，有一部分却沦为贫民、贩毒者和暴力分子，城市不再安全，也不再是承载美好愿景的“幻境”。

被时空压缩之后，人的意识与精神空间也被压缩了，因而严重异化。

都市真义：实现空间平等与空间正义

既然进入城市（包括都市）是一项民众权利，如果农民、小城镇和小城市居民，愿意进入城市和都市，我们仍然要想尽办法善意地予以接纳。

列斐伏尔说："所有受到压迫的，从属的，经济上受到剥削的人，在一定程度上都受到非正义地理学的影响，为地理而斗争能够建设更广泛的统一性和团结。"

20 世纪 70 年代，列斐伏尔提出了"空间正义"的概念，他认为空间正义包含城市权利理论以及相关的差异和抵抗的权利！一个正义的空间必须是开放性的，必须是植根于积极的、多样的、公共的协商中，寻求通过差异而建立团结的生产性道路。正义不是抽象的，不仅仅是传递的或者由国家施舍的，它是一个由那些居住其空间社会系统的人所分担的责任!

像多数法国思想家那样，列斐伏尔过于激进和冲动。事实上，城市与都市具有某种魔性，一旦进入，我们就会被其内在的规律所左右。我们必须首先剥夺资本存在的合理性，然后才能剥夺资本。只有资本不存在了，资本的空间化才可能结束。从逻辑上来说，空间的动产化、空间的金融化也才能相应结束。

列斐伏尔看到了空间的困境，“人们由在空间中进行的物品的生产，过渡到了对整个空间的生产”。空间变成战略性的了，请注意，通过战略，处于政治统治之下的某个空间的全部资源，充当了追求和实现那些全球性的目标和其他目标的手段。那些总体性的战略，同时也是经济的、科学的、文化的、军事的和政治的战略。

他也看到了民众的困境，“工人阶级和普罗阶级（和它并不是同时产生的），被卷入了时代、历史和它们自己的历史的矛盾中，同样被卷入了空间的矛盾中”。

他同时看到了城市的困境，“空间的动产化变得疯狂了，也推动了这些被生产出来的空间的自我毁灭。疯狂的投资，在没有停止寻找新的领域、土地和地区，或者补偿的时候，是不会减缓的”。

但列斐伏尔对于巴黎的观察、大卫·哈维对于巴尔的摩的观察以及苏贾对于洛杉矶的观察，都是具有局限性的，是对资本主义空间生产的局部性阐释，是对资本主义经济危机在空间方面的再次展现。

对于中国来说，曾经长期处于恩格斯所说的“住宅缺乏”状态，人们对空间的需求，只是基本的居住需求。但正因为“住宅缺乏”，所以，空间权利同样展现出自己的力量。

在相当长的时间内，城市民众全部居住在集体和国家租赁式住房里，农民住在基本没有流动性的自住空间里，缺少了资本的介入，城市居民没有自主居住空间，因此，离开了户籍所在的城市，就再也无法获得新的居住空间。

由于建筑能力的短缺，即便在自己所居住的城市里，人们也不能保证拥有独立的居住空间，多人混住的职工宿舍、多家杂居的筒子楼、两个以上家庭合住，都曾经是城市里的主流居住方式。

都城、大城市、小城镇和农村，形成由空间而划分的不同的社会阶层。但在2000年前国家和整个社会正在努力生产粮食和生活必需品，因此，居住空间的生产和城市商业空间的生产，都严重不足。

可以说，居住空间是1979年以来长期短缺的物品，其生产周期长，价格高，在城市，空间拥有曾长期被忽略，人们缺乏空间占有的概念。然而，人们对空间的渴求是无法抑制的。居住权是一项基本的城市权利，也是基本的人权。

当许多人还在用金钱进行物品争夺，比如生活必需品的争夺时，一部分人已经开始了对空间尤其是大城市居住和商业空间的争夺。对空间的焦虑，成为全民的心病。

当人们第一次学会用空间思维来看待自我与社会的关系，突然意识到时间的无意义，以及由于空间失去而造成的“时间压缩”。

在空间面前，人生也是压缩的，因此，人们首次把空间放置在前所未有的高度。失去空间，意味着人们失去进入都市的权利，意味着被城市排除和舍弃。即便可以进入并留下，也因为社会整体存在的空间崇拜和由空间而进行的阶层分层，被城市安置在空间的缝隙里或劣质空间之中。人们在城市里的身份，决定性的因素不再是户口，而是空间。

空间即权利，空间即生存和发展。户口、技能等传统要素，已经远远置于空间之下。

空间统驭和决定城市，空间决定人生！

空间焦虑，空间崇拜，空间争夺，突然成为全民性的东西。

大卫·哈维对世界和中国的观察多半是错的，但他对学术概念的界定，却让人无法越过他而进入新的学术空间。他认为，资本可导致“恶的无限性”，并进而导致资本的“螺旋失控”。

大卫·哈维总结说，资本的运动是一种循环运动：生产—实现—分配—价值增值—生产—实现……这样的话，资本可以展开无限度的再生产。其中的驱动力在于追逐利润，在于追逐剩余价值。这种循环运动与其说是“圆周”过程，不如说是“螺旋式上升”（spiral）的过程。

大卫·哈维以城市空间为例予以说明。在资本主义的逻辑下，当前的城市化进程是为了那些投资者而建设城市，而非为了民众宜居；人们进行不动产投资，是为了增值，而不是为了居住。全球各地都存在库存住房难以消化的问题。

不得不遗憾地说，他是错的。在中国，首要的问题并不是“空间剩余”，即房屋空置，而是“空间短缺”，即居住空间严重不足。

大卫·哈维严厉抨击空间的“可出售性”，即空间不应具有交换价值，而只能具有唯一且不可改变的居住价值。这是一个荒谬的悖论：资本构成了居住空间，但居住空间一旦可以居住，就必须抛却其资本功能。在大卫·哈维的话语体系里，资本成了高尚的母亲，只负责生育可爱的空间，无私地抚育其成长，却不求回报。只有一种前提下大卫·哈维是对的：创设不可交换空间的资本来自国家资本。国家资本不求利润回报，而只是一种政治策略。一种实现空间公平与正义的强有力的工具和手段。

在大都市里，当普通民众的居住空间渐渐向郊区撤退，由空间位置所定价的优质空间越来越少，或者普通民众已经无从获得，人们意识到必须进入城市尤其是特大城市，并且占有那里的空间，已经成为国民的集体无意识，城市空间的稀缺性突然暴露出来。

一方面是优质空间的供应不足，一方面是民众需求的旺盛，空间争夺不可避免地激烈起来。

小结 | 新空间与新世界：都市的梦想

时间逻辑是线性的，而空间逻辑是循环的。

时间摧毁着时间本身，时间也摧毁着空间。

相对来说，时间对空间的毁坏，还是比较困难。

因此，空间（特指空间中的建筑存在）作为政治、文化的凝结物，可以相对长久地存留在三维世界。

时间不断地毁灭、累积，产生巨量的时间废弃物。而空间则相对永久地“活着”，并不断揭示时间在毁灭过程中所揭示出来的真理。

我们所知的空间是废弃的时间的可记录部分，而不可记录的“空间”，庞大、琐屑且永不可知，犹如时间一样，不断死亡又不断新生。

我们所知的“空间”，是幸存的时间，是时间的战胜者。

空间的书写物，过去是石头，现在是钢筋水泥。而时间的书写物，过去是纸张，现在是电脑。介质的改变，使时间（特指死亡的时间及其遗弃物）终于有可能战胜空间（空间中的人类建筑）。

但事实上，空间也是时间的产物，或者时间也是空间的产物?

时间和空间都在不断被生产，不断死亡。

死亡并不永恒，新生也不永恒。

死亡和新生交替上场，或许才构成永恒。

时间和空间都有永不枯竭的生产能力，死亡和新生同样。

我们没有能力生产时间，却有能力生产空间。

此时，人类与上帝同在。

参考书目

［1］郭璐．秦咸阳象天设都空间模式初探 [J]. 古代文明，2016（2）.

［2］［美］陆威仪．哈佛中国史：早期中华帝国：秦与汉 [M]. 王兴亮译．北京：中信出版社．2016.

［3］唐翼明．论语诠解 [M]. 作家出版社．2018.

［4］〔西汉〕司马迁．史记 [M]. 四库全书影印版．

［5］〔东汉〕班固．汉书 [M]. 四库全书影印版．

［6］［美］陆威仪．哈佛中国史：世界性的帝国：唐朝 [M]. 张晓东，冯世明译．北京：中信出版社．2016.

［7］［日］宫崎市定．宫崎市定中国史 [M]. 焦堃，瞿柘如译．杭州：浙江人民出版社．2015.

［8］［美］陆威仪．哈佛中国史：分裂的帝国：南北朝 [M]. 李磊译．北京：中信出版社．2016.

［9］［德］迪特·库恩．哈佛中国史：儒家统治的时代：宋的

转型 [M]. 李文锋译 . 北京 ：中信出版社 . 2016.

［10］杨宽 . 中国古代都城制度史研究 [M]. 上海 ：上海人民出版社 . 2016.

［11］〔宋〕王辟之 . 渑水燕谈录 [M]. 四库全书影印版 .

［12］伊永文 . 行走在宋代的城市 ：宋代城市风情图记 [M]. 北京 ：中华书局 . 2005.

［13］〔宋〕欧阳修 . 欧阳修文忠集 [M]. 四库全书影印版 .

［14］田宏杰 . 大相国寺 ：名传千载的皇家寺院 [N]. 汴梁晚报 . 2018-8-9(A08).

［15］朱明 . 佛罗伦萨与杭州 ：13 世纪前后城市布局和空间的比较研究 [J]. 中国名城，2012（3）.

［16］［日］堀敏一 . 中国通史——问题史试探 [M]. 邹双双译 . 北京 ：社会科学文献出版社 . 2015.

［17］〔元〕脱脱等撰 . 金史 [M]. 四库全书影印版 .

［18］刘扬忠 . 论金代文学中所表现的“中国”意识和华夏正统观念 [J]. 吉林大学社会科学学报，2005（5）.

［19］孙晓飞 . 读懂赵孟頫，才能读懂宋元 [M]. 合肥 ：安徽文艺出版社 . 2015.

［20］〔明〕宋濂等撰 . 元史 [M]. 北京 ：中华书局 . 2016.

［21］［美］莫里斯 · 罗沙比 . 忽必烈和他的世界帝国 [M]. 赵清治译 . 重庆 ：重庆出版社 . 2008.

［22］〔元〕熊梦祥．析津志辑佚：风俗 [M]. 上海：上海古籍出版社．1983.

［23］〔明〕张辅，杨士奇，等纂修．大明太宗文皇帝实录 [M]. 抄本．明朝．

［24］〔明〕王世贞，郭子章撰．［明］李衷纯辑．王郭两先生崇论：郭青螺先生崇论：卷 2：都论 [M]. 刻本．明天启四年．

［25］〔清〕黄宗羲．明夷待访录 [M]. 北京：中华书局．1981.

［26］〔清〕张廷玉．明史 [M]. 北京：中华书局．2015.

［27］鞠明库．明朝的自然灾害及其社会影响 [J]. 江西社会科学，2017（7）.

［28］［美］巴菲尔德．危险的边疆：游牧帝国与中国 [M]. 袁剑译．南京：江苏人民出版社．2011.

［29］何孝荣．明代北京佛教寺院修建研究 [M]. 天津：南开大学出版社．2007.

［30］章宏伟．“与佛有缘”的永乐帝与北京宫廷佛教 [Z/OL]. 凤凰网佛教频道．[2013-10-16].

［31］赵世瑜，周尚意．明清北京城市社会空间结构概说 [J]. 史学月刊，2001（2）.

［31］阎崇年．明亡清兴六十年 [M]. 北京：中华书局．2006.

［32］〔清〕庆桂，董诰等，纂修．大清高宗纯皇帝实录．抄本．清嘉庆间内府．

［33］陈溥．京城百年间经历四次大改造[N]. 北京晚报．2015-4-1(10).

［34］王谦．帝都、国都、故都、故宫：近代北京的空间政治与文化表征[J]. 北京社会科学，2016(6).

［35］黄加佳．皇都初变[N]. 北京日报．2013-4-9(17).

［36］陈光中．走读京城人物[M]. 北京：生活·读书·新知三联书店．2014.

［37］陈蕴茜．日常生活中殖民主义与民族主义的冲突——以中国近代公园为中心的考察[J]. 南京大学学报，2005(5).

［38］非虫．上海公园变迁[J]. 新民周刊，2016(14).

［39］张大庆．医学史十五讲[M]. 北京：北京大学出版社．2007.

［40］罗雪挥．协和：西医东渐90年[J]. 看历史，2011(9).

［41］孙全胜．空间生产——从列斐伏尔到福柯[J]. 江汉大学学报（社会科学版），2015(4).

［42］包亚明主编．现代性与空间的生产[M]. 上海：上海教育出版社．2003.

［43］［英］大卫·哈维．后现代的状况[M]. 阎嘉译．北京：商务印书馆．2003.